Louis Binaut

Des idées libérales dans l'ancienne France

Essai

ISBN : 978-1542646864

10 9 8 7 6 5 4 3 2 1

Louis Binaut

Des idées libérales dans l'ancienne France

Essai

Table de Matières

Section I

Ce n'est pas seulement par la découverte et la mise en œuvre de nouveaux documents que l'histoire, qui semblerait devoir rester immuable comme le néant où s'abîment les événements et les hommes, change pourtant d'aspect sous nos yeux à chaque génération. Ces changements viennent surtout : d'abord du développement successif des choses, qui, ayant leur racine dans le passé, ne sont néanmoins comprises que plus tard dans leur pleine croissance, et que l'historien doit alors reporter à leur origine ; ensuite de cette disposition naturelle qui nous porte à chercher dans l'histoire un aliment aux passions et un appui aux intérêts qui luttent dans le présent.

L'histoire ne commence pas au lendemain des faits. Quand toutes les choses, petites ou grandes, qui bruissent ensemble et nous étourdissent confusément, se sont précipitées dans l'éternel silence, il faut encore quelques années pour que la mémoire et l'oubli aient reconnu chacun sa part. Ce triage, laissant sombrer une foule de faits et d'individus qui, de trop près, paraissaient notables, est le premier degré du dégagement de ce qu'on appelle proprement l'histoire. Beaucoup plus tard, quand les choses que les contemporains voyaient seuls ont en partie disparu, il en apparaît d'autres qu'ils ne voyaient pas, et dont le germe pourtant s'était déposé au milieu d'eux. C'est ainsi que la naissance des religions et des états n'a presque jamais été aperçue à temps pour être bien décrite ; quand on les remarque, ce sont déjà des faits énormes et dominants : il faut alors remonter péniblement le cours des âges, fouiller dans l'oubli, scruter toutes les traces, et, si peu qu'on en trouve, refaire l'histoire pour leur y donner une place égale, s'il se peut, à leur importance. C'est ainsi encore que les lents progrès de l'administration, du commerce, des arts, de la police, qui, dans leur temps, en dépit des noms des Jacques Cœur, des Colbert et des Turgot, n'offraient qu'un détail aride et mesquin, c'est ainsi même que de simples inventions de physique ou de mécanique, telles que la boussole, la poudre, l'imprimerie, la vapeur, qui n'étaient que des nouveautés techniques propres à certains métiers, ont néanmoins abouti à découvrir de nouveaux mondes, à mêler la race humaine, à changer la guerre, les gouvernements et les

Louis Binaut

rapports internationaux, à élever des classes entières d'hommes dédaignés, à abaisser toutes les hauteurs, et à soumettre à la libre acceptation de chacun les doctrines jusqu'alors imposées d'autorité et reçues avec effroi. Il faut donc bien que ces petits commencements, qui ont si prodigieusement grossi, s'emparent de la narration, en éliminent nombre de batailles ou d'intrigues qui la remplissaient, et la refondent entièrement. C'est le second degré du travail historique, lorsqu'il commence à remanier le passé, mieux connu par ses suites.

Une autre cause enfin non moins importante d'accroissements, et, pour ainsi parler, d'innovations historiques, résulte, par le progrès des études, du rapprochement comparatif des civilisations diverses, séparées par l'espace et par le temps, dont il faut bien signaler les analogies, les ressemblances, au milieu des diversités, car le but essentiel de l'histoire est de montrer l'homme parmi les hommes, et l'action du variable et du passager sur ce qui est universel et immortel en nous. Ici l'histoire embrasse un horizon plus vaste, et se rapproche de la philosophie ; elle cherche à définir certaines lois qui font la destinée du genre humain, et qui mènent les peuples dans leur cycle séculaire, comme elles mènent les individus dans l'éphémère trajet de la vie, servant d'exercice et de contrepoids à leur libre arbitre, et leur laissant le mérite moral et la récompense de leurs œuvres, sans pourtant leur permettre de sortir de l'orbite tracé au tout par Dieu même. Ces lois communes éclaircissent d'ailleurs l'histoire d'une nation par celle de toutes les autres ; elles guident les recherches et les conclusions de l'archéologue, et si elles ne comblent pas les lacunes, elles ouvrent du moins un espace immense aux esprits qui aiment à contempler la Providence dans la plus grande de ses œuvres, l'humanité. Ainsi l'histoire se modifie et s'étend sans cesse par l'afflux des idées qu'amènent la méditation, l'expérience, et dont la lumière plonge dans le gouffre immobile des jours anéantis. En réalité, à part quelques rares découvertes, et rarement importantes, il n'y a rien de nouveau ; les mêmes faits étaient là, mais inanimés, parce que l'intelligence ne les avait pas encore rapprochés pour leur trouver un sens et leur donner la vie. Ceci est l'œuvre de cet homme collectif de Pascal, qui apprend toujours et ne meurt jamais, et qui, s'accoutumant peu à peu à regarder ce qu'il ne faisait que voir, et à comprendre par comparaison ce qui, vu isolément, n'éveillait aucun rapport, multiplie et transmet ses notions acquises. Ce n'est pas l'histoire qui change, c'est nous qui changeons devant elle et qui nous fortifions par elle, à mesure que nous savons mieux réfléchir les rayons de la pensée divine dont elle est pleine et qu'elle nous envoie.

Ces variations apparentes, résultant de la marche même et de la solidarité des choses, et produites par la réflexion accumulée, n'ôtent rien à l'histoire de son autorité ; au contraire, elles l'augmentent ; bien plus, elles la font. À quoi servirait-elle donc, et comment serait-elle « la maîtresse de la vie, *magistra vilæ*, » si elle n'avait point des leçons pour chacune des générations futures ? Ou comment celles-ci en profiteraient-elles, si elles n'y découvraient point de rapport avec leur situation, qui est autre, c'est-à-dire si elles n'y découvraient point autre chose que ce que leurs prédécesseurs y ont vu ?

À ces causes générales de la formation de l'histoire, il faut, avons-nous dit, en ajouter une autre, qui est d'un ordre inférieur, et qui nous rapproche davantage de notre sujet. C'est la disposition qu'ont les hommes à chercher de préférence dans les temps écoulés ce qui les intéresse le plus au temps où ils vivent, à y reporter leur pensée toute chargée des désirs et des ressentiments contemporains, à s'y faire un parti rétrospectif, à y composer des arguments pour ou contre les opinions qui s'agitent autour d'eux. Tacite a signalé ce fait pour son temps comme une décadence de l'histoire, et il en a indiqué en trois mots les principaux éléments : « Quand le gouvernement, dit-il, tomba au pouvoir d'un seul, ces grands génies ne parurent plus. La vérité fut brisée en plusieurs sens, d'abord par l'inintelligence d'un état de choses auquel on était devenu étranger, ensuite par le vice de l'adulation, ou au contraire par la haine contre ceux qui régnaient. » Ainsi une vue incomplète ou inexacte d'un ordre social qui n'existe plus, l'envie de flatter ou de noircir ce qui existe, telles sont les dispositions fâcheuses qui font altérer l'image du passé, lorsqu'on y répand un reflet trop coloré des passions et des intérêts du moment. Mais il faut élargir la pensée de Tacite. Dans les états libres comme sous le pouvoir absolu, les grands esprits comme les médiocres sont invinciblement entraînés à mettre plus ou moins leurs préoccupations actuelles dans les plus graves études. Cet entraînement, qui a certes des inconvénients et

Louis Binaut

n'est que trop facile aux abus, est naturel cependant et légitime en lui-même, car on écrit pour son temps, on ne peut tout embrasser, il faut choisir ce qu'on croit utile. Pourquoi ne chercherait-on pas partout les titres de la vérité que l'on croit défendre ? Pourquoi n'attacherait-on point sa cause à une tradition, puisqu'il n'est rien d'important dans les affaires humaines qui n'ait ses sources ou ses analogues dans d'autres temps ou dans d'autres lieux ? De plus, cette stimulation des intérêts contemporains, dirigeant des recherches ardentes sur un objet particulier et considérable, a toujours fait creuser de savantes mines, et amener au jour une foule de notions et de rapprochements dont plus tard la science calme a fait son profit. Au XVIe et au XVIIe siècle par exemple, les querelles religieuses et politiques ont fait amasser des collections immenses où nous puisons encore tous les jours. Et si on examine en particulier la manière dont s'est formée l'histoire de France, on verra que c'est surtout sous l'influence de la polémique, ou du moins de préoccupations contemporaines, qu'elle s'est peu à peu enrichie et a commencé à devenir ce qu'elle doit être, la science mère et inspiratrice de toutes nos pensées politiques.

Ce fut au XVIe siècle, quand il y eut, en dehors de l'église, assez d'hommes instruits pour vouloir juger leur temps, que l'étude des institutions commença, et en même temps l'histoire proprement dite. Au moment où le parlement devenait un pouvoir politique, Claude de Seyssel, favorable à cette nouveauté et voulant l'appuyer par les antécédents, décrivit *la grande monarchie française* comme une royauté pondérée par la résistance constitutionnelle du parlement. Quand l'insurrection religieuse eut excité des sentiments républicains, le républicain Hotman, dans la *Franco-Gallia*, déterra tous les souvenirs de liberté que les siècles précédents pouvaient contenir ; c'était un nouveau point de vue qui avait sa part de vérité. Sous Louis XIV, quand l'administration envahissait tout, Mézerai en chercha les traces et fit de cet objet spécial un élément de l'histoire ; il fut puni de ce progrès, et pour s'être mêlé, disait-on, de ce qui ne le regardait pas. Cependant l'histoire devenait de plus en plus indocile, et poursuivait surtout ce qui lui était interdit. Au déclin de Louis XIV, l'humiliation dorée de la noblesse et sa décadence politique étant ressenties par quelques-uns de ses membres, et des murmures de liberté aristocratique circulant dans les alentours du duc de Bourgogne, le comte de Boulainvilliers conçut l'histoire dans ce nouveau sentiment ; il réhabilita le système féodal, affirma durement le droit de la conquête franque, établit deux nations, l'une souveraine, l'autre sujette, et, dans sa haine contre les intendants, gâta une cause et des vues qui, réduites à de justes limites, avaient de la grandeur et de la vérité. Le fond de ces idées, inconnues avant lui et couronnées par lui d'une conclusion absurde, est resté dans l'histoire de France, et on en discute encore certaines parties. L'abbé Dubos traita ces mêmes matières pour l'opinion monarchique, et avec un plus grand savoir ; mais un instinct vague de révolution, la pensée de changer la forme du gouvernement, courait en sens divers parmi les historiens, les philosophes, les magistrats : l'histoire en fut encore plus ébranlée. Montesquieu et Mably cherchèrent partout, et jusque dans les forêts de l'ancienne Germanie, la base de la nouvelle constitution qu'ils souhaitaient. Les historiens de notre temps, émus du même besoin, continuateurs de la même lutte, n'ont fait que suivre et élargir la route : c'est en partant de Mably que M. Guizot a répandu sur nos vieux âges des lumières bien supérieures, tandis qu'Augustin Thierry, ardent alors et exalté par des passions qu'il avouait, reprenait la thèse de Boulainvilliers pour la retourner en sens contraire, acceptant la conquête franque et les deux nations à la condition de justifier par là même l'insurrection des vaincus, conquérants à leur tour.

Il est clair que, dans toute cette série, les travaux sur le passé s'inspiraient des besoins ou des passions actuels. Depuis Boulainvilliers surtout, ce n'était pas moins que la question même de la révolution française qu'on remuait d'avance ; cet écrivain, d'une pénétration remarquable dans sa fougue, l'avait définie un siècle avant qu'elle n'éclatât, et depuis la révolution jusqu'à nos jours, la même cause est plaidée ou combattue par tous les historiens. Qui niera cependant que ces études contradictoires, en un certain sens intéressées, n'aient répandu la vie, la clarté et une vérité plus grande dans un récit jusqu'alors si faux par l'absence des choses essentielles et par l'encombrement des inutilités ? Qui niera que l'accroissement de notre nation ne soit infiniment mieux connu, quoique certains côtés, que les passions du jour auraient mal reçus, soient trop restés dans l'ombre, ou aient été montrés sous un aspect

Louis Binaut

trop peu favorable ? Ici nous touchons à l'inconvénient qui résulte de ces préoccupations contemporaines de l'historien. On a trop pris parti entre les morts ; on a trop combattu, comme les héros d'Ossian, dans les nuages de la nuit éternelle. On a rempli la scène de ses amis ; il semble qu'il n'y ait qu'eux ; les divers éléments de l'histoire ont perdu leurs véritables proportions. De même qu'on ne voyait que des rois et des seigneurs, on ne voit plus que bourgeois et vilains ; les gens des communes sont devenus héros d'épopée à leur tour, de marchands plus ou moins coalisés et monopoleurs qu'ils étaient. Ou bien, si le tableau est plus complet, on entre mal dans les sentiments et la situation de ses adversaires ; on met, par exemple, soigneusement en relief les violences et les désordres de la féodalité, et on indique à peine et à regret ses grandeurs réelles, son temps d'utilité et de progrès. On ne reconnaît plus à chaque chose sa fonction historique dans une mesure vraiment impartiale, et cela, parce qu'on a regardé le lointain spectacle des choses d'autrefois à travers une atmosphère obscurcie par la poussière d'aujourd'hui.

Mais que parlons-nous d'aujourd'hui ? Ce moment est déjà loin de nous ; cette poussière est tombée. Une autre question s'est posée d'elle-même : pourquoi, tandis que l'Angleterre, avec sa constitution informe et vigoureuse, semble braver toutes les secousses, sommes-nous en France impuissants à soutenir nos institutions, si bien conçues en apparence, si rationnelles et si symétriques ? Aussitôt on se met à discuter l'aptitude des Français aux libertés politiques. Sur ce sujet, des traits cuisants pour l'amour-propre national nous sont encore tous les jours décochés à plaisir de l'autre côté de toutes nos frontières. Parmi nous, le fâcheux problème s'agite dans la presse, dans les livres, dans la chaire même, et la plupart le résolvent contre nous, les uns avec joie et ironie, comme un beau résultat, les autres avec l'amertume du regret. À peine posée toutefois, cette question, comme les autres, remonte dans l'histoire et y cherche son explication. Est-il donc vrai que nous soyons tout à fait incapables du plus noble privilège de la nature humaine, de celui qui fait son excellence, de celui qui, dans l'ordre politique, correspond au libre arbitre dans l'ordre moral ? Qui nous a infligé cette déchéance ? Faut-il en vouloir à l'esprit niveleur et centralisateur de la monarchie, qui, dès avant 1789, avait étouffé tous les germes des libertés anciennes avec les usages et les habitudes qui en faisaient la vie ? Faut-il s'en prendre à l'esprit exclusif de la noblesse et aux vues étroites du tiers-état, qui n'ont point su s'associer contre les envahissements de l'administration royale et se fondre dans un même intérêt ? Soutiendra-t-on, comme on l'a essayé en effet, que notre tempérament, notre caractère de race, nous font serviles, que le Français est un soldat qui n'a de spontanéité qu'en obéissant, un voisin envieux que toute supériorité trop rapprochée de lui offusque, et qui, pour n'avoir que des égaux dans la servitude, plie volontiers le genou sous un maître éloigné ? Est-il vrai que notre littérature, témoignage de nos sentiments héréditaires, ne soit que critique, moqueuse, niveleuse, et par là hostile à toute constitution libre, qui veut au moins l'aristocratie des esprits, tandis qu'au contraire l'Anglais, doué d'une âme plus forte, d'un esprit tendu vers un but sérieux, et animé par une littérature patriotique, a pu et dû de tout temps développer sa personnalité, se respecter soi-même sans abaisser les autres, concilier la liberté et le pouvoir, et, fort de son histoire, honnête, fier, soumis à la loi et à la raison, marcher seul, d'un pas sûr, par la liberté et le travail, à la domination du monde ?

Dévorons en silence ce qu'il y a d'humiliant dans un pareil doute ; mais en adoucissant les termes, il faudra toujours convenir qu'il y a ici en effet une grave question historique, — que si elle n'est pas tout à fait nouvelle, elle n'a pourtant pas encore été assez explorée, puisque des hommes instruits la discutent, — que c'est un nouvel exemple de la manière dont se forme l'histoire, puisque cette question est posée sous le coup d'événements et d'une situation dont elle demande la cause, et qu'enfin si ce qui gronde dans les cœurs se résolvait quelque part en travaux sérieux, il en sortirait des lumières abondantes sur les opinions, les caractères, les tentatives en tout sens des hommes d'autrefois. Il suffit de parcourir les *Documents inédits de l'Histoire de France*, et d'autres publications de ces derniers temps pour se convaincre que nombre de choses sont à refaire ou à compléter. Ce qu'on entend tous les jours sur ce sujet prouve déjà surabondamment que la question, pour quiconque ne se laisse pas convaincre au premier mot, est à peine effleurée. Est-il certain, par exemple, que le moyen âge anglais ait été si grand, et le nôtre si petit ? La monarchie anglaise,

Louis Binaut

dans cette période, a-t-elle été un gouvernement libre ? Selon Hume, elle fut arbitraire et absolue. Ce témoignage d'un historien célèbre est contesté aujourd'hui, il est vrai ; il permet du moins un grand doute. Personne ne nie d'ailleurs que sous les Tudors, pendant plus d'un siècle, la liberté anglaise n'ait été complètement anéantie, et que toutes ces fameuses garanties ne soient restées gisantes sur le dernier champ de bataille des deux roses. Où était donc cette force d'une constitution séculaire, soutenue par tant de vieilles coutumes, de corporations, de privilèges, et par l'énergie d'un peuple trempé pour se gouverner lui-même ? Depuis Henri VII, la liberté individuelle fut nulle ; la chambre étoilée dictait par intimidation les jugements du jury, ce palladium britannique ; les emprunts étaient extorqués par la force, les *benevolences* ou dons gratuits arrachés par la terreur. Les rois et les reines enlevèrent à la nation sa religion même, et lui en donnèrent une autre, qu'ils reprirent de nouveau. Quelle idée d'ailleurs avait-on alors de la liberté politique ? Les communes anglaises, ainsi que l'observe Hallam, n'attachaient une importance réelle qu'au vote de l'impôt : ces honnêtes marchands venaient surtout s'asseoir sur le ballot de laine pour défendre leur bourse. La liberté n'est-elle que cela ? Et lorsqu'à la suite des révolutions religieuses la constitution parvint à sa puissante maturité, la vénalité n'alla-t-elle pas aussitôt et publiquement s'asseoir dans son sanctuaire ? Cette lèpre n'a-t-elle pas rongé jusqu'à nos jours les sources mêmes de la vie politique ? N'a-t-elle pas été longtemps et ouvertement justifiée comme une des conditions du fonctionnement régulier des pouvoirs ? N'est-elle point enfin le secret de cette élasticité des forces contraires et de cette harmonie des incohérences que les fictions de Delolme ont fait passer trop longtemps pour une sagesse profonde ?

En France, il n'y a pas moins de doutes à éclaircir, sinon sur les faits, au moins sur la valeur et le caractère qu'on leur attribue. Les anciennes formes, les corporations, les justices locales ont été, il est vrai, de bonne heure entamées par le droit romain, les parlements, l'administration ; mais cet esprit d'unité ne devait-il pas aussi avoir son exercice ? Le droit n'est-il pas un, la vérité une ? La royauté attaquait un obstacle, un abus, et puis un autre ; elle ne paraît pas avoir eu un système préconçu ; elle suivait plutôt, à son grand honneur, un sentiment moral qu'une longue prévoyance politique.

Section I

La situation continentale du pays et le besoin d'agglomérer le territoire d'un état qui se sentait une grande mission dans le monde imposaient des nécessités que l'Angleterre ne subissait pas. On ne peut pas mener de front tous les développements à la fois. Toute terre, dit le poète, ne porte pas tous les fruits. Si la France était prédestinée à produire l'égalité avant la liberté, il fallait lui en laisser le temps, car l'ouvrage n'était pas de ceux qui s'improvisent. Mais ce qui, selon nous, est capital à observer en cette matière, c'est la pensée constante qui règne dans une nation et qui se révèle à ses différents âges : c'est là sa personnalité, et, à vrai dire, c'est là sa liberté, imparfaite sans doute, mais plus réelle que tout le reste, et qui ne peut manquer de produire un jour tout le reste. Une forme de liberté, quoique spécieuse, peut n'être qu'un moule vide : ce fut pendant longtemps le lot de l'Angleterre ; mais il se peut aussi qu'une autre nation, moins favorisée pour la forme, s'en souciant peu ou la brisant volontiers, possède pourtant à un plus haut degré l'esprit qui pourrait s'y incorporer. Cet esprit n'a point encore trouvé le corps qui lui convient ; il n'apparaît que par intervalles, mais ses éclats, quoique passagers, laissent un souvenir, orne influence, une fermentation durable qui avance les choses. Voici une bonne observation d'Augustin Thierry sur les manifestations de principes qui échappaient, comme par intermittences, de nos anciens états-généraux : « Quoique rarement assemblés, dit-il, quoique sans action régulière sur le gouvernement, les états ont joué un rôle considérable comme organes de l'opinion publique, et leurs cahiers furent la source des grandes ordonnances et des améliorations qui s'ensuivirent. » À quoi l'on pourrait ajouter peut-être qu'il n'y a rien à regretter à cette marche. Si ces grandes assemblées, renouvelant des essais déjà tentés, avaient pris dès-lors un état fixe, tous les privilèges, qui étaient alors la forme de la liberté, s'y seraient fixés en même temps, et c'est ce que la destinée spéciale de notre pays ne voulait pas. Son esprit, n'étant retenu dans aucun lien, ni exploité par aucune caste féodale ou bourgeoise, planait, pour ainsi dire, sur la décomposition progressive des institutions sorties de la barbarie, et agissait par une force en quelque sorte abstraite, mettant toujours, quand il se pouvait, une raison à la place d'un antécédent.

Comme notre collection de mémoires donne l'expression du

Louis Binaut

caractère moral de la France du moyen âge, nos états-généraux donnent celle de ses idées politiques. Nulle autre nation ne peut s'honorer de deux pareilles sources d'informations ; cela parle plus haut que les fabliaux et les poèmes. Nos états-généraux ont cela de particulier, qu'ils ne s'assemblent point seulement pour défendre les privilèges des grands ou le pécule de la bourgeoisie ; dans les plus importantes de leurs réunions, on voit dominer aussitôt les idées générales sur toutes les choses de l'état. Le vote de l'impôt est aussi d'ordinaire, il est vrai, l'occasion qui les assemble, le but assigné, l'arme dont on se sert ; mais bientôt l'utilité vulgaire tombe à la seconde place, et d'autres idées plus hautes, plus désintéressées, et quelquefois d'une portée immense, envahissent les esprits et saisissent les passions. Déjà la première de ces assemblées avait eu pour objet l'indépendance de l'état vis-à-vis de l'autorité pontificale, la distinction entre la religion et la théocratie, principe vital du monde moderne, qui impliquait les droits de la raison et tout l'avenir intellectuel de l'Europe. Dans les suivantes, la même généralité de vues s'applique aux réformes intérieures ; la noblesse oublie un moment ses griefs sur la chasse ou l'arrière-ban, le tiers-état sa boutique et ses métiers, pour traiter du gouvernement, de la religion, de la justice et des pauvres : c'est déjà le programme de tout ce qui nous occupe le plus aujourd'hui. En 1355, les états tentent des nouveautés hardies en politique, en administration, en économie publique ; ils veulent la périodicité des assemblées, l'abolition des commissions judiciaires, la suppression des monopoles, la formation d'une milice, une plus juste répartition et une perception mieux surveillée de l'impôt. En 1413, au sein même de l'anarchie, ils rédigent un code d'administration, réforment la justice et la finance, appliquent l'élection aux offices, et demandent des lois protectrices de l'agriculture et des paysans. Ainsi tout se généralise dans leur pensée, tandis que dans les choses tout se groupait encore en intérêts collectifs, mais restreints, et en forces contraires. Ce besoin de raison et de raisonnement, si remarquable dans la littérature populaire du temps, prenait ses grandes proportions dans les grandes choses. D'où venait-il ? De toutes les forces vives qui animaient ce peuple, et qui, dans la mobilité des événements, étaient toujours les mêmes, toujours au même travail : l'église, les universités, la scolastique, le droit, toutes choses

Section I

plus actives en France que partout ailleurs, et dont le propre est de ramener constamment les faits aux idées. Pourquoi la constitution générale de l'état n'aurait-elle pas subi la même loi ? pourquoi la raison, y trouvant encore trop d'éléments indociles, ne les aurait-elle pas laissés se détruire, pour reconstruire, quand le temps en serait venu, ceux qui peuvent recevoir son empreinte ?

Si donc, abandonnant ce qui divise, on cherchait désormais de préférence à faire ressortir dans notre histoire le principe commun d'activité qui est l'âme nationale, et qui relie entre eux le passé et l'avenir, on le trouverait sans nul doute dans cet instinct rationnel qui tend à produire la liberté dans l'unité, et qui, succombant parfois sous la grandeur même de sa mission, se relève et avance toujours. Il n'y a point de crise d'où il ne sorte plus vivant, point de compression qui ne développe ses forces, point d'hommes puissants qui, même sans le vouloir, ne travaillent à son profit. Nous essaierons ici d'en montrer quelques exemples. Nous les choisirons dans l'une des époques les plus défavorables, c'est-à-dire à l'issue du règne de Louis XI. Vingt ans d'une tyrannie sournoise semblaient alors avoir éteint la dernière étincelle des libertés de ce temps. De plus, cette tyrannie avait été, à certains égards, bienfaisante, et se justifiait jusqu'à un certain point par l'extirpation d'un principe de discorde et de démembrement : c'était une défaveur de plus pour la liberté. Il y avait pis encore pour elle ; toute l'Europe se ressentait d'un resserrement monarchique dont la cause était générale, et qui n'exprimait qu'un progrès normal des sociétés. À l'idée des provinces, des fiefs, des corporations, succédait l'idée de l'état. Entre les divers états, un système d'équilibre, se substituant à l'arbitrage des papes, commençait à s'ébaucher ; nouvelle raison pour chacun d'eux de fortifier le pouvoir central. En Espagne sous Ferdinand, en Angleterre sous Henri VII, en Allemagne, et jusque dans les pays inconnus de la Moscovie, l'autorité empiétait sur les libertés anciennes, obligées de sortir de leurs forteresses croulantes. Que devenait alors en France cet esprit si souvent manifesté autrefois dans les états-généraux ? était-il étouffé ? Bien au contraire, il eut alors un élan nouveau. Animé du génie renaissant de l'antiquité, il chercha à se rendre compte de lui-même, et à peine sut-il manier une langue plus riche et plus formée à l'expression des idées ; qu'il s'en servit pour se mieux comprendre, recourant d'ailleurs au

Louis Binaut

latin pour y suppléer au besoin, et appelant l'ancienne Rome au secours de ses aspirations modernes. C'est ce que nous verrons par trois personnages des plus notables de cette époque. Le premier, Philippe de Commynes, narrateur admiré, mais dont le caractère politique et moral n'a pas été, que nous sachions, assez approfondi, nous offrira des tendances très opposées, d'où résulte l'image la plus fidèle du débat qui s'agitait dans les faits et dans les opinions. Praticien politique, transfuge de Bourgogne, conseiller secret de Louis XI, il est subjugué par l'habileté de son maître, par la grandeur des résultats, et la moralité de ses maximes se ressent étrangement de cette dangereuse admiration ; mais lorsque rendu à lui-même, et s'élevant à des idées plus générales, il médite sur les excès du pouvoir et sur les droits de la nation, on le voit revenir aux inspirations les plus nobles. Il serait difficile de trouver ailleurs sur la liberté et sur les limites de la puissance des considérations plus hautes et plus vraies, de sorte que, dans la contradiction même de ses idées, on distingue clairement ce qu'il a puisé dans la pratique ténébreuse du cabinet et ce qui lui vient des états-généraux de 1484, auxquels il avait assisté, c'est-à-dire de l'esprit public de son temps. Le second sera Thomas Basin, évêque de Lisieux, dont les œuvres sont pour la première fois publiées par la *Société de l'histoire de France*. Celui-ci est l'expression d'une opposition violente des provinces dépouillées de leurs vieilles prérogatives ; le droit des peuples à la résistance est plaidé dans ses écrits avec une hardiesse qui ne craint point de toucher aux plus redoutables problèmes. Le troisième document sera pris dans l'assemblée même des états de 148A ; le discours célèbre, et diversement apprécié, de Philippe Pot seigneur de la Roche, mérite, et pour les principes, et comme exemple d'éloquence parlementaire au XVe siècle, d'être analysé avec soin. Ces trois hommes contemporains, tous engagés par quelque côté dans les mêmes événements, ayant tous agi ou exercé leur influence dans les plus hautes positions, sont les témoignages les plus sûrs et les plus sérieux sur la pensée des hommes de leur temps ; il n'y a dans ce qu'ils ont dit ni préparation, ni recherche, ni théorie, ni but littéraire : ils ne parlaient pas même pour la postérité, mais pour leurs amis ou pour les affaires du moment, et les révélations qui en résultent sur les opinions régnantes à cette époque sortent pour ainsi dire du public même auquel ils s'adressaient.

Section II

Philippe de Commynes, comme la plupart de nos écrivains au vieux langage, est aujourd'hui plus vanté qu'il n'est lu. C'est lui pourtant qui ouvre la carrière à notre littérature moderne dans sa partie la plus solide et la plus sérieuse. Il n'avait songé peut-être, en recueillant ses souvenirs, qu'à fournir quelques renseignements à ceux qui voudraient écrire l'histoire de son temps ; mais dès leur apparition, ses *Mémoires* furent accueillis comme une œuvre de la plus haute valeur. Les savants s'en enthousiasmèrent tout d'abord. On n'avait encore sur les temps modernes que des chroniques sans idées et de sèches annales : on crut voir renaître l'histoire telle que l'avaient laissée les anciens, et on compara Commynes à Thucydide, à Polybe, à Salluste et à Tacite. « Il est incroyable, disait Juste-Lipse, combien il voit tout, pénètre tout, tire au jour le secret des entreprises, et par là nous arme de préceptes aussi salutaires que rares à rencontrer ailleurs. » Mais on connaît surtout l'appréciation de Montaigne, moins enthousiaste, mais plus précise et plus expressive. Charmé surtout de la forme littéraire et de la spontanéité du génie, Montaigne juge Commynes avec cette sûreté et cette délicatesse de goût qui lui sont propres : « Vous y trouverez, dit-il, le langage doux et agréable, d'une naïve simplicité, la narration pure, et en laquelle la bonne foi de l'auteur reluit évidemment, exempte de vanité et d'affection et d'envie ; ses discours et enhortements accompagnés plus de bon zèle et de vérité qu'aucune exquise suffisance, et partout de l'autorité et gravité, représentant son homme de bon lieu et élevé aux grandes affaires. »

Mais les lettrés ne furent pas les seuls, ni les plus grands admirateurs de Commynes. Les politiques de profession se mirent à son école. Charles-Quint le feuilleta et l'étudia comme un maître. Sleidan le traduisit en latin pour des princes d'Allemagne. Il fut surnommé le conseiller des hommes d'état. Plus d'une raison justifiait à leurs yeux cette grande estime. Le sujet traité par Commynes intéressait encore directement les rois du XVIe siècle. Ils essayaient tous le

Louis Binaut

même travail que Louis XI avait si heureusement accompli, et la plupart d'entre eux n'étaient pas plus que lui tourmentés par les scrupules de la justice et de la bonne foi. La chute de la maison de Bourgogne était pour eux un grand exemple ; ce tragique épisode terminait l'épopée féodale par l'apothéose de la royauté. « Il désirait grande gloire, leur disait Commynes en parlant de Charles le Téméraire ; il eût bien voulu ressembler à ces anciens princes dont il a été tant parlé après leur mort, et il était aussi hardi qu'homme qui ait régné en son temps. Or sont finies toutes ces pensées, et tout a tourné à son préjudice et à sa honte… De tous côtés, j'ai vu cette maison honorée, et puis tout en un coup cheoir sens dessus dessous, la plus désolée et défaite maison, tant en princes qu'en sujets, que nuls voisins qu'ils eussent. » C'est ainsi que l'historien entonnait, en style d'oraison funèbre, cette grande et terrible leçon adressée aux présomptueux qui avaient si longtemps ébranlé les monarchies. Il n'y avait aucun roi en Europe qu'un tel exemple n'enflammât d'émulation ; mais en outre que de leçons pratiques dans les détails compliqués de cet événement immense, amené par la ruse, la patience, la prévoyance, encore plus que par la force ! Ces détails leur étaient racontés par un témoin d'un esprit pénétrant, d'une expérience consommée, qu'aucune illusion chevaleresque n'éblouissait, qui avait vu, et bien vu, d'innombrables intrigues, qui avait connu et quelquefois manié les hommes puissants et habiles dont il exposait avec sagacité les intérêts cachés ou variables, les passions contraires, les caractères différents, qui leur conservait leur physionomie vivante, et les montrait toujours en haleine dans cette partie serrée que Louis XI jouait tour à tour avec chacun d'eux. Bien plus, en le lisant, c'était en quelque sorte Louis XI lui-même qu'on lisait. On peut remarquer en effet que, par une admiration intime, l'historien s'identifie volontiers avec le prince dans la familiarité duquel il a vécu, et qui lui semble plutôt fait « pour seigneurier un monde qu'un royaume. » C'est le maître qui souvent découvre à son conseiller les projets, les antécédents, le côté attaquable de ses ennemis ou de ses faux amis ; c'est le maître qui combine ses mesures : le conseiller comprend, souvent avec surprise, et admire naïvement ce qu'il n'aurait point deviné. Quelle situation merveilleuse pour un esprit de son espèce ! Commynes écrit et ses confidences et ce qu'il a vu de ses yeux,

Section II

et c'est ainsi qu'il nous fait passer, à travers quelques longueurs, par ces prodiges d'intrigues, d'habileté sans scrupule, de souplesse humble, d'opiniâtreté patiente, qui finissent par tout miner et tout détruire. Ce roi, toujours en guerre sourde contre la haute féodalité, « naturellement amy des gens de moyen estât, et ennemy de tous grands qui se pouvoient passer de luy, » toujours attentif « au grand art de diviser les gens, car il étoit maistre en cette science, » nous apparaît alors comme au guet au milieu de ses pièges ; il en a en Bourgogne, il en a en Flandre, à Liège, en Picardie, en Bretagne, en Guyenne, en Angleterre, en Savoie ; il entame un traité au moment où il en enfreint un autre ; il se sauve par des trêves, des surprises de villes, des achats de consciences, ce que Commynes appelle bonnement des « marchés » et des « marchandises. » Dans toutes ces combinaisons se meuvent et se débattent des ambitieux cupides, des négociateurs grands et petits, seigneurs et valets, qui vont et viennent, portant des ordres, des contre-ordres et des parjures, des peuples qui se révoltent, des amis ou des vassaux qui trahissent leurs alliés ou leurs suzerains, et se donnent à l'un ou à l'autre, selon qu'ils ont leurs terres dans les domaines de l'un ou de l'autre. Puis, au bout de tant d'efforts tendus et de sourdes pratiques, le fougueux duc de Bourgogne, l'astucieux connétable, l'inconsidéré et mobile duc de Berri, le prudent Breton, le crédule roi d'Angleterre, disparaissent l'un après l'autre de ce théâtre de tromperies, les uns morts, les autres gagnés, et le roi reste seul sur le sol monarchique déblayé, élargi, pacifié, pour mourir bientôt à son tour, parmi les terreurs de sa conscience, sans avoir joui ni de ses crimes ni de ses talens, et sans pouvoir exécuter de plus grands projets qu'il vient de rendre exécutables.

Il y avait là certes une riche matière, et pour les princes d'abondantes instructions. Il eût fallu, pour la perfection, qu'à la profondeur des observations, au coup d'œil perçant dont il scrute les pensées et déroule les replis des âmes fausses, et qui l'ont fait comparer à Tacite, Commynes joignît cette vigueur morale qui distingue l'historien latin. Malheureusement il n'en est pas tout à fait ainsi. Une justice sévère nous oblige à relever ce qu'il y a de mauvais en lui sous ce rapport ; nous en serons d'autant plus à l'aise pour faire valoir ensuite ses meilleures pensées. Autant donc l'historien païen, trop soupçonneux peut-être et quelquefois

Louis Binaut

injuste, poursuit, frappe et flétrit le mal partout où il croit le rencontrer, autant l'historien chrétien, dévot même, qui dédie son livre à un archevêque et parle à tout propos de la Providence, couvre volontiers la fraude et l'iniquité d'une indulgence complice, et parfois même les sanctifie. Les maximes les plus fausses et les plus dangereuses se glissent dans son récit. À la première lecture, on s'en aperçoit à peine, et on se laisse prendre à un préjugé contraire, si grand est le charme de l'exquise simplicité et de l'aisance parfaite de « l'homme de bon lieu, élevé aux grandes affaires, » qui juge de haut les hommes ce qu'ils valent et les choses comme elles vont, avec un air de bonhomie qui se familiarise sans descendre, et qui par-là est encore une supériorité. Mais si on le repasse attentivement, si on arrête au passage les jugements fondus dans la narration, si on abstrait de l'ensemble l'idée la plus générale qui inspire ces jugements, voici ce qu'on y trouvera. Un drame se développe, qu'on pourrait comparer à ces mystères ou moralités du théâtre du moyen âge, où deux personnages principaux, une vertu et un vice, mènent l'action et la conduisent à une édifiante catastrophe. La vertu mise en scène par Commynes, c'est l'humilité sous la figure de Louis XI, humilité qui se trouve plus d'une fois exactement définie par l'historien, et qui consiste à savoir se préserver des trop hauts sentiments et descendre à propos aux souplesses nécessaires au succès. Le vice, c'est l'orgueil sous la figure de Charles le Téméraire, qui n'écoute plus aucun conseil depuis que la bataille de Montlhéry l'a convaincu qu'il est un grand homme de guerre, et qui par cette confiance en lui-même court à sa ruine. La catastrophe arrive, parce que Charles avait « encouru l'ire de Dieu, de ce que toutes les grâces et honneurs qu'il avoit reçus en ce monde, il les estimoit tous être procédés de son sens et de sa vertu sans les attribuer à Dieu, comme il devoit. » Quant à Louis XI, c'est tout différent. Il est récompensé, parce qu'en toutes choses il a été humble et fidèle à la grâce.

Dès les premières pages, cette doctrine va se montrer. Au siège de Paris, chacun des deux partis cherchait à acheter des défections dans le parti contraire. « Chacun jour, dit Commynes, il se menoit de petits marchés pour fortraire gens l'un à l'autre ; et pour cette cause, s'appela ce lieu depuis le marché, pour ce que telles marchandises s'y faisoient. » L'historien blâme fort les chefs qui permettaient ces communications imprudentes ; elles sont dangereuses surtout, dit-il, pour celui « qui est en apparence de décheoir, car chacun tire naturellement aux plus forts ; » mais les « marchandises » en elles-mêmes, il ne les condamne point : il les justifie au contraire quand elles sont adroitement faites et qu'elles réussissent, elles sont alors l'œuvre de Dieu et la récompense de l'humilité. Le danger sera surtout grand, dit-il, si on a contre soi un prince « qui cherche à gagner gens : qui est une grand'grâce que Dieu fait au prince qui le sait faire, et est signe qu'il n'est point entaché de ce fort vice et péché d'orgueil qui procure haine envers toutes personnes. » Ainsi l'art de « gagner gens, » l'art de corrompre, car il n'est question ici que de « marchandise, » voilà le grand don que Dieu fait aux princes. Si vous ne savez point « gagner gens, » c'est que vous êtes « entaché de ce fort vice et péché d'orgueil » qui trouble le monde et fait encourir « l'ire de Dieu. »

En voici d'autres exemples. Entre tous ceux qu'il a jamais connus, dit-il, le plus sage pour se tirer d'un mauvais pas, c'est le roi Louis XI, son maître, « le plus humble en paroles et en habits, et qui plus travailloit à gagner un homme qui le pouvoit servir ou qui lui pouvoit nuire. » Voyez comme l'art de « gagner gens » reste toujours le caractère de la vertu d'humilité. « Il ne s'ennuyoit point d'être refusé une fois, » mais il persistait, promettait largement, donnait encore davantage, argent, offices, belles terres. Donc, pour conclure, « encore fait Dieu grand'grâce à un prince, quand il sait le bien et le mal, et par espécial quand le bien précède (il veut dire quand le bien l'emporte sur le mal), comme au roy notre maistre dessus dit. » La « grand'grâce » de Dieu joue un singulier rôle ! Il est bon qu'en un prince le bien l'emporte sur le mal, mais il faut savoir faire l'un et l'autre : voilà au net la pensée un peu fuyante et enveloppée de Commynes. Machiavel l'a dit aussi, mais plus hautement, avec la conscience et l'audace de ce qu'il dit, en son dix-huitième chapitre du *Prince* : « Chacun sait bien, dit-il, combien il est louable pour un prince de garder sa parole, de se conduire loyalement et sans astuce ; néanmoins on voit par expérience que des princes de notre temps ont fait de grandes choses en tenant peu de compte de la bonne foi, et ont fini par l'emporter sur ceux qui s'appuyaient sur la loyauté. Il y a donc deux manières de lutter, et comme souvent la première ne suffit pas, il faut recourir à la

Louis Binaut

seconde... Il faut avoir, conclut Machiavel, une âme disposée à tourner selon les vents et les variations de la fortune, et, comme je l'ai déjà dit, ne pas se départir du bien, si on le peut, mais savoir entrer dans le mal, si c'est nécessaire... Qu'un prince ait donc soin de se maintenir ; les moyens seront toujours jugés honorables, et chacun les louera, car le vulgaire est toujours pris par l'apparence et par le succès, et dans ce monde il n'y a que le vulgaire. » Voilà qui est bien frappé assurément : le rude Florentin se montre dans son effrayante perversité ; mais en quoi ce commentaire diffère-t-il des relâchements timides de Commynes, si ce n'est par la clarté et l'impudente franchise ?

Il était nécessaire de mettre au jour ce côté faible de l'historien de Louis XI ; il est juste aussi d'ajouter quelques considérations qui, sans excuser des torts si graves, les expliquent. Il semble que jusqu'à présent ils aient peu choqué ses lecteurs, ou qu'on ne les ait pas aperçus ; ses critiques n'en parlent point. Sans doute « l'autorité et gravité de l'homme de bon lieu, » une fois signalées par Montaigne, ont tout couvert aux regards charmés. L'historien De Thou est le premier, le seul peut-être, qui ait exprimé quelque blâme sur cette morale au moins relâchée. Il dit, en parlant de Charles-Quint, que ce prince « a paru à la plupart des hommes trop habile quelquefois et trop rusé ; aussi affirme-t-on qu'il se délectait à la lecture de l'histoire de Louis XI, écrite par Philippe de Commynes, très prudent chevalier, laquelle contient, je ne le nierai pas, beaucoup de sages préceptes ; mais on ne peut méconnaître non plus qu'il ne s'y trouve un plus grand nombre d'exemples d'un caractère peu franc et peu digne d'un roi. » La critique, comme on voit, est assez douce encore ; on ne distingue même pas clairement si elle s'adresse à l'écrivain ou au roi. D'où vient cette inattention ou cette indulgence ? Ne serait-ce pas de ce que le récit même de Commynes circule dans cette région vague et périlleuse des choses humaines, où le pour et le contre, semblent enlacés, où le but et les moyens sont en désaccord, où l'on tremble de laisser échapper un résultat nécessaire en même temps qu'on maudit les instruments qui semblent seuls capables de l'atteindre ? Commynes était certainement séduit par l'ouvrage immense que son maître accomplissait à travers tant de difficultés et de déboires, en abattant, au profit de l'unité nationale et de la sécurité des peuples, cette féodalité apanagère qui démembrait et déchirait le pays, et qui, sans autre but que de satisfaire l'ambition, la cupidité et la haine, y nourrissait l'inextinguible incendie de la guerre civile et de la guerre étrangère. À force d'entrer dans les vues de Louis XI, il entre dans son esprit ; à force de se pénétrer de son esprit, il sympathise avec son caractère. Le succès est si nécessaire, qu'il y mesure tout ; les nuances s'effacent, et il permet la perfidie à l'habileté. L'avenir est si grand qu'il voit Dieu même dans tout ce qui le prépare. Il y avait d'ailleurs en ce temps-là un relâchement général dans la croyance, dans les mœurs, et une révolution religieuse était à la porte qui demandait la proie du siècle. La révolution politique elle-même, qui dissolvait le moyen âge au profit de la monarchie absolue, laissait la morale inquiète, déroutée, car telle est la connexion de toutes choses dans la vie, telle est l'association étroite de toutes les idées passées simultanément en habitudes, quoique distinctes et indépendantes par leur nature, que la rupture d'un lien relâche tous les autres, et qu'il faut du temps pour que la morale ancienne se rattache à un ordre nouveau : aussi y a-t-il toujours une crise de mœurs dans les grandes crises sociales, et c'est pour cela que les révolutions, si justes ou inévitables qu'elles soient, semblent troubler pour un temps l'humanité jusqu'à son fond, et y secouer tous les principes.

Enfin Commynes n'est pas toujours le même ; l'influence des diverses situations de sa vie politique tantôt abaisse et tantôt relève sa pensée. Attaché, par un malheur ou par une faute, à un pouvoir corrupteur, il en a reçu la souillure, et la marque en est restée dans ses écrits. Plus tard néanmoins, rendu à lui-même, rallié à des intérêts différents, mêlé, quels que fussent d'ailleurs ses motifs personnels, à un mouvement de réaction qui chercha un moment l'appui d'une assemblée nationale, il en reçut d'autres idées, il éprouva d'autres sentiments, et au contact de l'opinion publique, impression toute nouvelle pour lui, le politique de cabinet et d'intrigues vit s'ouvrir devant ses yeux un autre monde. Il comprit qu'il y avait d'autres droits que ceux du prince, une autre morale que celle du succès, et les considérations que lui inspira ce spectacle le relevèrent bien au-dessus de lui-même, comme nous le verrons bientôt. Et en cela il devient un grand enseignement ; il est une preuve frappante de l'influence qu'exerce sur les hommes, même les plus éminents par

Louis Binaut

l'esprit, le régime sous lequel ils vivent. Lorsqu'un pouvoir ne trouve d'appui que dans la force ou dans les intérêts particuliers, lorsqu'il est réduit à « gagner gens » ou à « mener de petits marchés, » il ouvre la voie aux sophismes cachés dans les plus honteux replis du cœur humain, et c'est un mal irréparable si des esprits naturellement élevés, comme le furent Machiavel et Commynes, en propagent et en perpétuent l'infection dans d'impérissables écrits. Mettez ces mêmes hommes dans un air plus vaste et plus pur, en présence des intérêts communs, des sentiments collectifs, des idées générales, pour lesquels se sont fondées les institutions libres où l'individu s'efface : alors leur pensée prend un autre cours ; en dépit des abus et des excès que l'homme porte partout où il va, elle est forcée de réclamer le droit, la vérité, de combattre l'égoisme, et de cette réclamation incessante des principes il résulte tout au moins un effort vers le bien, qui, transmis par la littérature, se multipliera dans les générations à venir. Voyons si les états-généraux de 1484 ont agi dans ce sens sur Commynes, et s'il a trouvé des pensées plus nobles et plus utiles dans les émotions de cette assemblée nationale que dans les pratiques ténébreuses du pouvoir absolu.

Commynes sortait d'une ancienne famille de la Flandre, depuis longtemps, favorisée à la cour de Bourgogne. Son père, seigneur de Commynes, de Renescure et de Saint-Venant, gouverneur de Cassel, bailli de Gand, grand-bailli de Flandre, avait été fait chevalier par Philippe le Bon sur le champ de bataille de Saint-Riquier. Lui-même était filleul du *bon duc*, qui lui donna son nom. Jeune encore, et « en l'âge de povoir monter à cheval, » il vint comme écuyer du prince à la brillante cour de Lille, puis fut attaché au comte de Charolais et devint son conseiller intime. Louis XI le fit prince de Talmont, seigneur d'Argenton et autres lieux. Commynes maria sa fille dans la maison des ducs de Bretagne, et il devint par là l'un des ancêtres de nos rois de la maison de Bourbon. Cependant rien dans ses écrits n'exprime les sentiments ni les idées qui respiraient encore parmi la noblesse. Pour la plupart des gentilshommes ses contemporains, qui furent ses commensaux, tels qu'Olivier de La Marche et George Chastelain, la chevalerie vivait encore. Ceux-ci décrivent avec amour, comme des événements de haute importance, les fêtes, les tournois devant les dames, les cérémonies du faisan, les pas d'armes de Dijon et de Saint-Omer, et les coups de lance des jeunes preux, tels que Jacques de Lalaing, s'en allant par monts et par vaux défier tous les vaillants de l'Europe. Pour eux, les romans chevaleresques étaient encore l'idéal de l'éducation politique ; ils le proposaient sérieusement à leurs nobles élèves. Commynes, élevé dans un tel monde, n'en a pas gardé la moindre trace, pas même ce qu'il aurait pu sagement en garder. Il a senti que ce monde était mort ; il a tourné brusquement le dos au passé, en tant que ce passé se composait d'institutions désunies et de pures traditions. Il ne fait pas plus de cas des chartes et des privilèges de communes ; lui si attentif, et qui savait bien quels coups terribles les villes flamandes avaient frappés sur la féodalité, il ne jette pas un coup d'œil sur les institutions qui leur avaient servi de remparts. Ces bourgeois insurgés, il les appelle « grosses gens et bestes, » et qui n'ont, ajoute-t-il ailleurs, « aucune connoissance des grandes choses, ni de celles qui appartiennent à gouverner un estat. » Encore bien moins consulte-t-il les légistes, « qui ont toujours quelque loy au bec ; » mais il regrette de ne pas savoir assez l'antiquité, et conseille de chercher toute la sagesse politique dans l'histoire, non pas dans l'histoire des coutumes et des ordonnances, dont il ne se soucie, mais dans l'histoire qui montre, agissant les uns sur les autres, les individus et les peuples, et qui révèle les lois qu'il faut faire par celles que la Providence manifeste elle-même dans l'enchaînement des causes et des effets. Telle est la philosophie de Commynes, et on va voir de quelle manière élevée et originale il construit sur cette base historique et religieuse le droit des nations et la nécessité même des libertés politiques.

Après avoir raconté la mort de Charles le Téméraire et la terrible révolte des Gantois contre sa fille Marie, Commynes se demande ce que signifient, dans les vues de la Providence, ces insurrections de peuples contre lesquelles viennent continuellement se briser les puissances excessives de ce monde. Il observe d'abord que, dans la société comme dans la nature, Dieu « a fait à chaque chose son contraire, » pour conserver l'ordre par la résistance et pour contenir par la crainte les débordements de la force. Ainsi les villes de Flandre furent l'écueil de la maison de Bourgogne. « Et n'est pas cette maison de Bourgogne la seule à qui Dieu ait donné quelque aiguillon ; » la France fut longtemps tourmentée par les Anglais, ceux-ci par l'Ecosse, l'Espagne par le Portugal et

Louis Binaut

les Maures. Les princes d'Italie, cruels et violents, ont eu « pour opposites » les républiques de Toscane, de Venise et de Gênes ; celles-ci sont divisées entre elles, et dans leur propre sein les factions se modèrent les unes les autres, « et chacun à l'œil que son compagnon ne s'accroisse. » Les Suisses répriment l'Autriche ; les villes allemandes démolissent les châteaux des burgraves pillards. Ainsi vivent les princes et les cités, « faisant charrier droit les uns les autres. »

Pourquoi ces « aiguillons et choses opposites que Dieu a donnés à chacun état et quasi à chacune personne ? » Commynes les croit nécessaires à cause de la « bestialité et mauvaistié » des princes, qui ne savent point jusqu'où « s'étend le pouvoir et seigneurie que Dieu leur a donné sur leurs subjects. » Ils ne le savent point par eux-mêmes, et « peu les hantent qui le sachent, » et s'il en est quelques-uns, « si ne le veulent-ils dire, de peur de leur déplaire. » Il faut donc conclure que « ni la raison naturelle, ni notre sens, ni la crainte de Dieu, ni l'amour de notre prochain ne nous garde point d'être violents les uns contre les autres. » Il énumère alors assez longuement les abus de pouvoir qui tourmentaient le pays de son temps : usurpations, rapines, abus de la force militaire, impôts arbitrairement arrachés, oppression des faibles, justice partiale et vendue, dépenses inutiles, misère des paysans. « Comment donc, ajoute-t-il, se châtieront les hommes forts, qui tiennent leurs seigneuries dressées en tel ordre, que par force ils font toutes choses à leur plaisir, par quoi maintiennent leur obéissance et tiennent ce qui est sous eux en grande subjection, et le moindre commandement qu'ils font est toujours sur la vie ? » Il faut bien qu'une pression contraire vienne rétablir l'équilibre. Dieu est « quasi efforcé et contraint de montrer plusieurs signes et de nous battre de plusieurs verges ; » lui seul peut apporter remède aux abus de la force là où elle règne seule. Il ne parle plus aux gens par la bouche de ses prophètes, il les instruit par les résultats de leurs actes ; les guerres et les révolutions viennent rétablir la justice, en châtiant « les hommes forts. »

C'est ainsi que la Providence rétablit, par des lois constantes et naturelles, des limites aux pouvoirs qui ont le malheur d'être illimités. Commynes propose ensuite la limite constitutionnelle, qui, arrêtant d'avance les volontés arbitraires des hommes,

Section II

prévient les conséquences désastreuses que la loi divine, c'est-à-dire la nature des choses telle que Dieu l'a faite, y a attachées. C'est le libre vote de l'impôt qui fixe et maintient cette limite. « Y a-t-il roi, ni seigneur sur la terre qui ait pouvoir de mestre un denier sur ses subjects sans octroy et consentement de ceux qui le doivent payer, sinon par tyrannie ou violence ? » En France surtout, où le peuple est toujours prêt à seconder le pouvoir dans une cause juste ou glorieuse, le roi ne peut avoir aucune raison d'avancer cette maxime inique : « J'ai privilège de lever sur mes subjects ce qui me plaist. » — « Ni lui ni autre ne l'a, dit Commynes, et ne lui font nul honneur ceux qui ainsi le dient pour le faire estimer plus grand, mais le font haïr et craindre aux voisins, qui pour rien ne voudraient estre sous sa seigneurie. » Avant les états de Tours de 1484, plusieurs affectaient de redouter cette assemblée de la nation, gens « de petite condition et de petite vertu. » Ils prétendaient que « c'est crime de lèse-majesté que de parler d'assembler les états. » Ainsi parlaient ceux qui ont le pouvoir et le crédit sans mérite, « accoustumés à flageoler et fleureter en l'oreille, à parler de choses de peu de valeur, et craignant les grandes assemblées, de peur qu'ils ne soient connus, ou que leurs œuvres ne soient blâmées. » Cependant jamais nation ne se montra plus dévouée, plus généreuse, plus soumise, en présence d'un roi de treize ans ; une commission de gouvernement fut nommée, les requêtes et remontrances pour le bien du royaume furent présentées, les sommes dont le besoin était justifié furent accordées largement, « à cœur soûl, et plus trop que peu. » Les états demandèrent à être réunis de nouveau dans deux ans, et promirent tous les secours en hommes et en argent que de nouvelles circonstances pourraient exiger. « Estoit-ce sur de tels subjects que le roi devoit alléguer privilège de pouvoir prendre à son plaisir ? Ne seroit-il pas plus juste envers Dieu et le monde de lever par cette forme que par volonté désordonnée ? » Mais il en est d'assez insensés pour ne pas savoir s'imposer des limites ; c'est pourquoi il y a aussi des peuples rebelles qui n'obéissent plus à leur prince, ni ne le secourent en ses nécessités, mais qui au contraire profitent de ses embarras pour le mépriser, se mettre en rébellion, et rompre le serment de fidélité qu'ils lui ont fait.

Voilà la source des révolutions ; voilà pourquoi ces jugements

Louis Binaut

divins éclatent surtout sur la tête des grands. « Les petits et les pauvres trouvent assez qui les punisse, quand ils font le pourquoy, et encore sont assez souvent punis sans avoir rien mesfait ;… mais des grands princes et des grandes princesses, qui s'informera de leur vice ? L'information faite, qui l'apportera au juge ? qui sera le juge qui en prendra la connaissance et qui en fera la punition ? » — « Je réponds à cela, dit-il plus loin, que l'information sera la plainte et clameur du peuple qu'ils foulent et oppressent en tant de manières, sans en avoir compassion ni pitié ; les douloureuses lamentations de veufves et orphelins, dont ils auront fait mourir les maris et pères, et généralement tous ceux qu'ils auront persécutés. Ceci sera l'information, et par leurs grands cris, par plaintes et par piteuses larmes, les présenteront devant Notre-Seigneur, lequel sera le vrai juge, qui par adventure ne voudra attendre à les punir jusques à l'autre monde, mais les punira en cettuy-ci. » Commynes montre ensuite, avec cette sûreté de jugement et d'expérience qui ne l'abandonne jamais, lors même qu'il se livre un peu au mouvement oratoire, par quels degrés cette punition arrive. Elle commence par l'enivrement du pouvoir même. Quand le moment est venu où Dieu veut montrer sa force et sa justice, les « mal-adventures » approchent, « et alors premièrement il leur diminue le sens, il trouble leur maison et la permet de tomber en division et murmures ; le prince fuit les conseils et compagnies des sages, et en élève de tout neufs mal sages, mal raisonnables, violents, flatteurs, et qui lui complaisent à ce qu'il dit. S'il veut imposer un denier, ils disent deux ; s'il menace un homme, ils disent qu'il le faut pendre, et que surtout il se fasse craindre. » Ceux que les nouveau-venus auront ainsi « chassés et déboutés, et qui par longues années auront servi, et qui ont accointances et amitiés en sa terre, » forment une classe de mécontents qui se multiplie. Pensez-vous qu'un prince imprudent et mal entouré comprenne le danger de ces divisions ? « Il ne s'en trouve point pis disné, ni pis couché ; » son entourage n'en est que plus brillant des dépouilles de ses adversaires, données à ses amis. Mais « à l'heure qu'il y pensera le moins, Dieu luy fera sourdre un ennemy, dont par adventure jamais il ne se fust advisé. Lors lui naîtront les pensées et les suspicions de ceux qu'il aura offensés, » il redoutera même les plus inoffensifs, et bientôt « il préparera la force. » Commynes poursuit ainsi, montrant par

Section II

les exemples contemporains pris dans les maisons d'York et de Lancastre, les excès et les désastres de la force, et il conclut enfin, en revenant aux considérations plus générales par lesquelles il a commencé, que, « vu la mauvaistié des hommes, et par espécial des grands, qui ne se connoissent ni ne croient point qu'il y ait un Dieu, il est nécessaire que chacun seigneur et prince ait son contraire, pour le tenir en crainte et humilité ; ou autrement, ajoute-t-il, nul ne pourra sans eux, ni auprès d'eux. »

Dans ces considérations, un peu diffuses et assez mal liées, dont nous ne faisons que suivre l'idée principale, on voit que Commynes ne puise le droit national ni dans des axiomes abstraits, ni dans des hypothèses, ni dans des coutumes. Les yeux ouverts sur l'histoire universelle, il y reconnaît ce fait constant, que l'homme en possession d'un pouvoir sans frein et dégagé de toute crainte ne s'arrête jamais de lui-même jusqu'à ce qu'il se heurte contre une force contraire. Il résulte de là que, pour prévenir ces chocs, il faut accepter des « opposites » régulièrement établis, afin d'ôter à l'homme politique ce qu'il a de trop individuel, et de faire surgir par la discussion le principe de justice pour remplacer le principe de volonté. Dieu apparaît au sommet de ces réflexions, écoutant « la plainte et clameur du peuple, » et punissant par l'aveuglement et la ruine l'effraction des limites nécessaires du pouvoir. Commynes s'était laissé fasciner dans sa jeunesse par l'habile pratique d'une puissance arbitraire ; dans sa maturité, il en comprit « l'opposite. » Ces deux impressions sont restées dans ses écrits avec leur caractère propre ; on peut juger laquelle des deux élève le cœur au niveau de l'intelligence, et combien il eût gagné à n'éprouver jamais que celle-là.

Section III

Pendant que les *Mémoires* de Philippe de Commynes, répandus dans toute l'Europe, gravaient dans les esprits, d'un trait précis et profond, la physionomie humble et fine, le regard oblique et perçant, le génie patient et souple d'un roi qui, après avoir si souvent plié, s'était enfin relevé si terrible, et avait changé la situation de l'Europe entière en lui montrant une France nouvelle, une voix anonyme se

Louis Binaut

faisait entendre, on ne savait d'où, qui faisait crier le sang répandu et la misère du peuple contre ce prince que Commynes avait jugé plus propre « à seigneurier un monde qu'un royaume. » C'était un livre, animé de tous les ressentiments d'un pamphlet, qui était resté manuscrit jusqu'à nos jours, et que M. Quicherat publie en ce moment pour la première fois. Une excellente notice met enfin hors de doute que ce livre, longtemps attribué à un prêtre de Liège nommé Amelgard, est l'œuvre de Thomas Basin, évêque de Lisieux, un homme qui fut en voie de remplir un grand rôle, et dont Louis XI intercepta la carrière par une persécution odieuse et persévérante, — un ardent réformiste, mais qui, marchant dans un sens contraire au mouvement général des choses, en fut brisé ; hardi défenseur des libertés publiques, mais qui ne vit pas qu'elles n'étaient que des privilèges, et que leur forme allait disparaître pour se recomposer un jour dans un plus vaste ensemble. Cependant sous ses erreurs Thomas Basin porte au moins avec une grande fermeté l'idée ancienne qui s'était revêtue de ces privilèges, et sous ce rapport il est un nouveau témoignage de ce que pensait et voulait, surtout au fond des provinces, la France de cette époque trop méconnue.

Il était de race bourgeoise, fils d'un avocat de Caudebec. Distingué par des talents précoces, par un caractère franc et désintéressé, il fut poussé par l'estime universelle vers les plus hautes fonctions, et parvint, à l'évêché de Lisieux. La Normandie subissait encore le joug de l'Angleterre ; le premier acte important de la vie publique de Basin fut la restitution de Lisieux à la patrie française ; il ne fut pas même inutile à la conquête que fit Charles VII du reste de la Normandie, Devenu conseiller du roi, il se souvint de tant de calamités qu'il avait vues et lui-même éprouvées dans sa jeunesse, et qu'il décrit dans son *Histoire de Charles VII* avec une vivacité émue et une pitié pour le peuple qui le font aimer ; il découvrit autour de lui et détesta toute sorte d'abus, et crut devoir son travail et sa vie à d'immenses réparations. L'esprit de réforme s'empara de lui. Il fit d'abord, à la demande du roi, un mémoire pour la réhabilitation de Jeanne d'Arc ; puis il en rédigea un autre pour la réforme de la procédure, entreprise alors prématurée et probablement impraticable. Malheureusement à cette époque le dauphin qui devait être Louis XI, impatient de régner et voulant

Section III

commencer par la Normandie, conçut l'espoir de gagner un homme aussi important que Basin : il lui écrivit pour l'engager dans ses manœuvres, prodiguant les promesses et faisant l'apprentissage de l'art corrupteur qu'il exerça depuis avec plus de succès ; il n'obtint qu'un refus péremptoire. Charles VII en sut néanmoins quelque chose, et Basin, soupçonné lui-même, fut forcé, pour sa propre justification, de livrer au roi les lettres et instructions du dauphin, qui lui en garda une rancune implacable : ce fut le principe des tribulations, des vexations et des exils qui tourmentèrent toute sa vie.

Louis régna, et Basin, tranquille dans sa conscience et ne sachant pas encore à quel homme il avait affaire, se remit de grand cœur à écrire des mémoires sur la misère du peuple et sur la réforme de l'état. Quelque peu ultramontain sous les Anglais, il était devenu gallican avec la France, et il soutint la pragmatique sanction comme un moyen d'enlever les bénéfices de l'église aux étrangers et à l'intrigue, et de les assurer aux hommes d'étude : c'est ainsi qu'alors cette question était posée. Thomas Basin eut en même temps la candeur de solliciter de Louis XI la suppression de l'armée permanente établie par le feu roi, et la réduction des pensions qui dévoraient le revenu public, c'est-à-dire qu'il invitait Louis XI à abdiquer ses deux grands moyens politiques, la force et la « marchandise » des consciences. Il s'adressait mal ; le prince lui répondit par des remerciements narquois dont le bon évêque ne comprit pas l'ironie. Comme il n'obtenait rien, il s'échauffa, blâma tout, et tomba dans l'opposition systématique, toujours mauvaise parce qu'elle gâte la bonne. La ligue du bien public, qui se formait alors, s'empressa de l'attirer à elle ; elle s'y prit mieux que n'avait fait la praguerie : elle ne lui offrit point d'argent, ni de places, mais des réformes ; elle le fit membre d'une commission qui devait corriger tous les abus. Confiant aux patriotiques promesses des grands, parce qu'il ne soupçonnait pas en eux l'égoïsme qu'il ne sentait pas en lui-même, il ne fut pas étranger aux opérations qui firent passer la Normandie aux mains des rebelles. On sait comment en cette extrémité Louis XI céda tout ce qu'on voulut, pour tout reprendre bientôt en semant l'argent et la discorde parmi ses adversaires. Thomas Basin n'a point de peine à se justifier de cette faute : « Je sais, dit-il, que bien des gens ne mesurent les choses humaines

Louis Binaut

que sur l'événement. Et parce que les efforts de ces princes et les intentions dont ils se vantaient n'ont produit aucun fruit de réforme, et ont au contraire aggravé les maux du pauvre peuple, ils condamnent toute l'entreprise dès son origine. Mais la nécessité de ces réformes n'était-elle pas évidente ? Et ceux qui, ne voyant aucun autre chemin pour y parvenir, ont pris parti avec une bonne et droite intention, ne sont-ils pas absous ? Les vices et la mauvaise foi de quelques-uns condamnent-ils les autres ? »

Il était en mission à Bruxelles lorsqu'il apprit la catastrophe de son parti, le temporel de son église mis sous le séquestre, son palais pillé, sa famille persécutée. Il vit les promoteurs de la ligue du bien public se livrer au vainqueur moyennant des places, des dignités, des pensions ; quant à lui, malgré l'amnistie générale et même les sollicitations particulières du roi, qui craignait de laisser un tel homme chez le duc de Bourgogne, il resta fidèle à sa conscience, qui lui disait qu'il n'avait point failli. À partir de ce moment, sa vie ne fut plus qu'une histoire de persécutions opiniâtres. Calomnié par des ennemis avides qui voulaient le forcer à se démettre de son évêché, accusé de conspirations imaginaires, privé de ses revenus, apprenant que ses frères étaient emprisonnés, les biens de son église dilapidés, il se laissa enfin extorquer sa démission, et passa ses vieux jours à Trèves, à Louvain, à Bréda, à Utrecht, vivant avec les lettrés, les professeurs, les jurisconsultes, et rédigeant ses ouvrages.

Par sa popularité, par la vénération constante dont il fut l'objet, par la haine, la crainte et les précautions du roi, il est démontré que Basin représentait une opinion nombreuse et indignée, répandue surtout dans les provinces. Cette opinion défendait les libertés de ces provinces, repoussait le système naissant des finances royales, et s'opposait aux progrès de l'organisation monarchique de l'armée : tels étaient ses trois premiers principes. Elle soutenait donc des institutions destinées à périr ; elle voulait en étouffer d'autres qui naissaient viables, et qui devaient un jour se coordonner dans le monde moderne comme de puissants instruments de force et de richesse. Toutefois ce n'est point par ces résultats lointains et impossibles à prévoir qu'on peut bien juger la valeur des opinions humaines ; la justice veut qu'on les détache de leurs objets variables et caducs, et qu'on en découvre sous ces applications passagères

Section III

l'inspiration morale et éternelle. Parce que, après plusieurs siècles et de longues études, nous avons découvert dans la politique et l'administration de Louis XI une cause active et un véritable progrès, d'améliorations dont nous recueillons les fruits, et parce qu'il nous semble, peut-être à tort, que les mêmes effets n'auraient pu être obtenus par d'autres moyens, nous penchons trop à excuser la tyrannie, féconde sans le savoir, bienfaisante pour ceux qui ne vivent pas encore, écrasante et avilissante pour ceux qui vivent. Ce n'est pas tout de faire le bien, il faut le bien faire. Devant les pratiques de la violence et de la corruption, quelque avantage qui en puisse sortir plus tard, il y a pour le présent une question de dignité humaine qui s'élève au-dessus de tout. Or il fallait bien que les hommes du XVe siècle se réfugiassent dans les seuls retranchements qu'ils eussent, qu'ils défendissent leurs privilèges tels quels, et qu'ils repoussassent des perfectionnements qui ne se présentaient encore que sous la forme du pillage et de l'oppression. C'est ainsi que dans les débats informes d'un système de finances mal compris, mal servi, dépourvu de moyens de contrôle et exercé par des agents avides, l'administration n'apparaissait que comme une harpie royale, protégeant l'iniquité par le glaive de la loi ; Jehan Masselin, sous le règne suivant, en parle encore comme Basin en avait parlé. « Sous Louis XI, dit-il, plus de cinq cents personnes subirent le dernier supplice, seulement dans l'Anjou, le Maine et le pays chartrain, par l'ordre de suppôts impitoyables, qui condamnaient à des amendes énormes, sans procédure, sans plaidoirie, arbitrairement. Le roi avait emprunté de ces horribles fonctionnaires, de ces ennemis publics, ajoute-t-il (*horrendis ministeriis et publicis hostibus*), de grosses sommes, en leur assignant en remboursement la proie des abus et les revenus de la gabelle. » C'est avec la même indignation et par les mêmes motifs d'humanité et de dignité que Basin se révolte contre la nouvelle institution militaire, qui créait dans la nation une force armée, séparée d'elle-même, et dont la violence se faisait cruellement sentir. « Établie sans nécessité, dit-il, mais continuée sans besoin, il est vraisemblable que notre âge ne verra point abolir cette pernicieuse institution d'une milice soldée. Elle est trop commode aux tyrans. Toujours avides de pouvoir, indifférents à la justice, au repos et au bien-être de leurs sujets, appliqués au contraire à les

Louis Binaut

comprimer sous la dure servitude des tributs et de l'intimidation, de peur qu'ils ne prennent courage et force pour résister à leur perversité et à leur despotisme, ils jugent très nécessaire à la satisfaction de leurs misérables passions d'avoir toujours sous la main une grande troupe de mercenaires, afin d'imposer par la terreur à l'état et au royaume. Sous ce faux prétexte de nécessité et de sécurité publique, ils écrasent les sujets de taxes énormes ; ceux-ci, incapables d'y suffire, tombent dans une telle servitude qu'ils n'ont plus rien qu'ils osent dire être à eux, et deviennent taillables au bon plaisir de leur maître... Tous les habitants du royaume sont déclarés taillables au gré du roi par les généraux des finances, et de fait ils sont horriblement taillés (de factoque immanissimè talliantur*), personne n'osant s'y opposer ni dire mot.* »

Les envahissements des légistes et des juges royaux étaient aussi, pour les hommes libres de ce temps, un objet de répulsion, de plaintes continuelles et d'animosité. Là en effet comme dans tout le reste, par une triste condition de notre nature, les abus pullulent dès l'origine plus vite que l'usage ne se développe, et quelquefois ils l'étouffent. Les institutions les plus utiles ne naissent point avec leurs règles toutes faites ; elles ne trouvent point dès leur apparition les instruments ni les organes qui leur seraient nécessaires. Les légistes, en substituant des formes qui devaient être protectrices aux procédés sommaires et arbitraires des justices féodales, avaient fondé au profit des faibles des garanties empruntées au droit ecclésiastique et au droit romain ; mais dans les tribunaux inférieurs et dans les lieux écartés, ces formes étaient devenues des pièges qui enveloppaient les fortunes et ruinaient les familles. En introduisant la raison écrite dans les coutumes, ils avaient préparé l'unité civile ; en ramenant à la royauté tous les fils de l'immense réseau des lois et de la police, ils établissaient la notion de l'état dominant tout et appartenant à tous ; en supposant et en alléguant sans cesse des lois fondamentales, ils liaient la royauté elle-même, lui ôtaient son caractère personnel, et la fixaient en quelque sorte comme un principe immuable. Seulement, par cette fiction plus spécieuse pour la théorie que dans la pratique, par cet arcane de gouvernement dont ils se réservaient à eux-mêmes l'interprétation souveraine, ils remettaient au roi un droit divin sans pouvoir le faire dieu, ils revêtaient d'une majesté usurpée la médiocrité,

Section III

l'ignorance, les passions, et confisquaient toute la spontanéité nationale au profit d'un homme, de ses ministres, trop souvent de ses corrupteurs. Basin leur reproche d'envahir tous les droits, d'opprimer riches et pauvres, nobles et clergé, et de tout prendre pour le roi. Ce qu'il y avait de plus effrayant dans cette contagion d'un principe servile, dont il était si aisé de préjuger les conséquences, c'est que par un mouvement général il se déclarait partout ; il était comme le mot d'ordre de la concentration monarchique dont l'Europe offrait le spectacle. Pour bien comprendre à quel degré d'humiliation il aurait réduit les peuples, si, dans une civilisation chrétienne issue des républiques antiques, il avait pu pousser d'assez profondes racines pour épuiser le sol autour de lui et faire sécher sur pied toutes les puissances « opposites, » on n'a qu'à lire une allocution de Charles le Téméraire aux états de Flandres en 1475. Jamais le dogme du droit divin dans toute son étendue n'avait été si fièrement annoncé aux hommes ; il fallait toute l'imprudence de ce fougueux prince pour oser parler de ce ton aux vieilles communes flamandes, qui, du reste, le firent bien payer à sa fille. « Puisque ses sujets, leur disait-il, ne se souciaient point d'être gouvernés par lui comme des enfants par un père qui a droit de les « exhéréder pour leurs démérites, » ils seront désormais gouvernés et vivront sous lui comme des sujets sous leur seigneur. C'est de Dieu et non d'aucun autre qu'il tient sa seigneurie, et il la gardera tant qu'il plaira à Dieu, « malgré la barbe de tous ceulx à qui il en desplairoit. » Et pour preuve qu'il a ce pouvoir et qu'il le tient de Dieu, et non de ses sujets, il suffisait de lire le Livre des Rois, en la Bible, « où par mots exprès Dieu a désigné et déclairé le povoir des princes sur leurs subjectz. » Il avait assez longtemps prié, il voulait désormais commander, ajoutait-il en terminant, « et ceulx qui luy seroient désobéissans, il les punirait tellement qu'ils expérimenteraient ce que plusieurs autres avoient expérimenté, lequel il ne conseille point, car il ne fait point bon expérimenter toutes choses.[1] »

Telle était en quelques mots durs et cassants la théorie royale, car Charles comptait bien devenir roi. Plus modérément formulée ailleurs, mais aussi mieux soutenue et suivie avec la persévérance dogmatique d'une jurisprudence, elle absorbait tout droit dans le

---

1 Voir le texte entier dans M. Gachard (*Documens inédits de Belgique*).

Louis Binaut

droit du prince, sans en excepter la propriété, dont elle prétendait pouvoir a exhéréder » les sujets « pour leurs démérites. » C'est contre cette théorie et contre l'avenir dont elle les menaçait que les sujets se réfugiaient dans leurs libertés locales, dans leurs droits acquis par des traités, ou arrachés par les révoltes de leurs pères, ou achetés par des services, et dans leurs corporations et leurs ligues. L'histoire peut aujourd'hui décrire les imperfections de cet état social, applaudir aux nouveautés qui l'ont peu à peu transformé, et lui opposer la sagesse, l'harmonie et la solidité de nos institutions administratives ; mais elle peut et elle doit en même temps reconnaître et expliquer les raisons qu'avaient les hommes du moyen âge pour s'y attacher. Personne, pas plus aujourd'hui qu'alors, ne connaît le lendemain de ce qu'il fait. Placée chaque jour dans une situation nouvelle, la royauté suivait son chemin sous une impulsion traditionnelle, tournait sans cesse avec habileté de nouveaux obstacles, ou sortait des situations violentes par d'autres violences : l'ensemble des résultats était encore plongé dans l'obscurité des temps à venir. D'autre part, ceux qui subissaient en détail les froissements et les chocs produits par ce déplacement des intérêts et des pouvoirs se cramponnaient à ce qui, étant ancien, leur paraissait stable ; leur fierté d'ailleurs aurait rejeté des innovations, même reconnues bonnes, quand l'arbitraire les imposait avec insulte. C'était donc le même combat que de nos jours, mais avec d'autres armes et dans d'autres circonstances ; c'était le sentiment indomptable qui défend à l'homme de reconnaître l'autorité ailleurs que dans la raison et la justice, et qui, par un instinct religieux, ne souffre pas que son semblable se divinise. L'évêque de Lisieux est pour son temps l'une des meilleures expressions de ces sentiments et de cet instinct. Comme historien, il a peu de valeur : dans son ardeur peut-être vindicative, il dépasse les bornes, au fond de son exil il accueille les faux bruits qui flattent ses ressentiments ; mais, comme interprète de l'opinion qu'il essaya de faire triompher, il s'honore et il honore son pays. « Personne à ma connaissance, dit M. Quicherat, n'a eu un attachement, je ne dis pas si prononcé, mais si raisonné pour le régime du moyen âge. Lorsque les grands personnages qui ont été chez nous les champions de la féodalité témoignent par leur conduite d'une absence complète de vues et de règles, notre évêque eut une foi politique, et il se l'était faite en s'instruisant du passé, en s'y attachant comme à l'ancre du salut, en vouant sa haine à quiconque tenterait d'y porter la main. Que cette foi n'ait pas été complètement désintéressée chez lui, cela est vraisemblable ; mais pour avoir résisté comme il fit à la diminution de son autorité, pour n'en avoir pas vendu les pièces argent comptant, comme firent tant d'autres que les faveurs et les pensions séduisirent, il faut qu'une voix intérieure l'ait soutenu. En effet, un sentiment profond, vivace, indestructible respire dans ses écrits ; il l'appelait *l'amour de la liberté.* Il l'avait mis au nombre de ses vertus, d'autant plus fier de l'avouer qu'il avait cru en voir la glorification dans les beaux livres de l'antiquité. »

Ajoutons un dernier trait, pour donner la mesure des opinions qu'on pouvait proclamer sans effaroucher les consciences. Au droit divin, Basin ne craignait pas de répondre par le droit d'insurrection. L'insurrection ne se présentait point alors à l'esprit, il est vrai, comme un acte aussi terrible qu'aujourd'hui ; elle ne brisait pas une aussi grande complexité d'affaires établies sur le crédit ; elle n'ébranlait pas aussi profondément l'état, moins homogène, moins solidaire dans toutes ses parties ; elle avait une action plus locale. Parmi tant de calamités qui éprouvaient les populations par la discorde des grands, au milieu des massacres et des incendies qui couraient çà et là par les provinces, elle pouvait paraître assez souvent un mouvement régulier et sauveur, et quoique les jacques s'en mêlassent quelquefois, elle n'avait point un principe essentiellement anarchique : elle était ordinairement conduite par les grandes associations dont se composait l'état, tantôt la noblesse, tantôt les corps municipaux, les chefs d'une province, les universités mêmes, les corporations de métiers. C'est ce qui explique pourquoi le bon évêque attaque avec si peu d'hésitation le redoutable problème, et le résout en vrai ligueur du bien public, appelant d'ailleurs à son secours tout ce qu'il sait d'antiquité sacrée et profane, invoquant à la fois Salluste et le psalmiste, Cicéron et Moïse. Est-il permis, lui demandait-on, aux sujets, aux vassaux du roi, de prendre les armes contre lui et de le ramener par force dans la bonne voie ? A cette question il répond par une autre : « Si le maître du navire, par ignorance ou par méchanceté, le dirige sur des écueils, faut-il le laisser faire ? Je doute que personne soit assez insensé pour soutenir qu'en ce cas il ne soit pas permis de

Louis Binaut

lui arracher le gouvernail pour sauver les passagers, et même de l'enchaîner au besoin, et de faire pis encore.[1] Quand donc la foule immense d'un peuple libre voit son chef gouverner contre les lois, dépouiller les citoyens selon son bon plaisir, enlever à l'église sa liberté, marier les filles contre le gré de leurs parents, violenter la justice, condamner sans procédure légitime, pourquoi les grands et les principaux de l'état ne pourraient-ils point s'assembler, avertir l'insensé, et, s'il méprise leurs avis et ajoute de nouveaux crimes à ses crimes, réprimer, je ne dis pas ce roi, mais ce tyran, cette bête sanguinaire, et opposer à ses excès un mur de défense pour la maison d'Israël ? Je crois donc qu'alors, c'est-à-dire lorsqu'il n'y a pas d'autre remède et que la nécessité est urgente, les sujets peuvent raisonnablement rabattre l'impiété ou la tyrannie d'un roi ou d'un empereur. Quand tout droit humain est sans force, nul homme de bon sens ne niera qu'il ne soit licite d'en appeler au droit naturel de repousser la violence. Ceux qui, dans cette confusion des choses et ce tourbillon d'iniquités, ne voulant pas que leur patience muette et endormie en paraisse complice, recourront à une telle extrémité pourront sans doute, si leur sort le veut, mourir pour la justice et pour la liberté, mais ils mourront plus glorieux et plus respectés que s'ils prolongeaient leur vie dans leur patrie esclave. » Il y a du girondin dans ce morceau ; on croit entendre l'emphase de 92 ; même audace, même imprudence téméraire à toucher aux problèmes que Dieu seul résout par le fait, et, avec des raisons superficielles, effleurant l'insondable.

Section IV

Nous avons vu ce que les hommes politiques écrivaient dans la maturité de l'expérience et de la réflexion ; écoutons maintenant ce qu'ils proclamaient devant la nation assemblée. Jamais on ne vit mieux qu'aux états de 1484, sous Charles VIII, combien les idées étaient plus avancées que les choses ; aussi furent-il par cela même stériles en résultats positifs. Il n'en resta qu'une nouvelle manifestation de ce vieil esprit national, plus élevé qu'en aucune autre monarchie de l'Europe, mais par cela même impuissant à se réaliser alors.

1 *Vincire et compedibus constringere, vel majore etiam severitate coercere.*

Cependant les circonstances qui avaient provoqué la réunion des états semblaient autoriser toutes les espérances. Un roi de treize ans, petit, mal fait, et qui ne savait encore ni lire ni écrire ; une femme investie du pouvoir par un testament que personne ne se croyait obligé de respecter, et entourée d'ennemis ; la régence disputée par des princes puissants, par un héritier présomptif que le moindre accident survenu à cet enfant malingre pouvait tout à coup porter au trône ; la nation appelée par les uns et les autres comme juge souveraine de leurs prétentions ; celle-ci animée d'un violent esprit de réaction contre le précédent règne, contre ses partisans, ses conseillers, contre le pouvoir absolu, et comptant parmi ses membres des hommes éloquents, habiles et hardis, prêts à opposer au principe du droit divin le principe de la souveraineté nationale : telle était l'opportunité de la situation. À l'épreuve cependant se produisirent bientôt ces obstacles d'autant moins prévus et mieux cachés qu'ils sont partout, et surtout dans les hommes mêmes qu'ils arrêtent. En vain on avait pris de sages précautions pour dégager l'intérêt général des intérêts particuliers de caste, de corporations et de localités ; en vain les ordres votaient ensemble, et les provinces avaient été groupées en six sections, réunissant chacune un territoire assez vaste pour que leurs doléances n'eussent que des objets communs et véritablement publics : on sentit bientôt qu'il manquait une base à l'unité de législation qui devait être la prompte conséquence de la périodicité des états, si on parvenait à l'obtenir. Les gens des provinces ne voyaient rien d'assez clair dans un pareil avenir pour oser lui sacrifier le moindre de leurs antiques privilèges, auxquels ils devaient tout ce qu'ils avaient jamais eu d'indépendance. La différence entre ces provinces était encore si saillante, qu'elles l'exprimèrent naïvement elles-mêmes en nommant leurs groupes des « nations. » Il y avait la nation de Paris, la nation de Bourgogne, de Normandie, d'Aquitaine, de langue d'oïl et de langue d'oc. On vit aussi dans le cours des délibérations que les vieux éléments de désordre étaient plutôt comprimés qu'éteints ; les puissances oligarchiques montrèrent qu'elles pouvaient renaître, et qu'elles auraient trouvé des instruments dans le sein de la liberté même. Quelques hommes semblaient capables de lutter contre ces obstacles ; mais, comme il arrive dans ces moments critiques et dans les passages trop brusques, leurs pensées étaient trop supérieures à celles de tous. Dans ces obscurités et dans ces craintes, l'intrigue trouva de nombreuses ouvertures ; l'assemblée, quand elle se sépara, n'avait rempli que les vues du ministère ; la condition fondamentale qu'elle avait imposée, celle de la convocation des états-généraux tous les deux ans, trop peu soutenue d'autres mesures, ne fut point observée : c'eût été une révolution accomplie d'un trait de plume, les évènements l'effacèrent non moins vite.

Mais, dans cette grande manifestation, nous trouvons quelque chose de mieux qu'une conquête prématurée, qui aurait été infructueuse, ou qui, se réduisant à voter l'impôt et abandonnant la législation, aurait peut-être accoutumé la nation à se tenir au-dessous de ses propres idées. Nous y trouvons l'expression nouvelle et plus forte de ces idées et un exemple d'éloquence parlementaire à la manière antique, tel que, ni dans ce siècle ni même dans les deux suivants, les archives de la liberté anglaise ne pourraient assurément rien produire de comparable. Deux hommes se distinguèrent aux états par l'habileté, l'éloquence, la hardiesse des opinions et la fermeté à les soutenir, un prêtre et un noble. Le premier était Jehan Masselin, chanoine de la cathédrale de Rouen, qui nous a laissé le journal de cette session fameuse. Il inspirait et dirigeait la députation normande, qui, animée encore de l'esprit de Thomas Basin, prit l'initiative des résolutions les plus généreuses, et ne céda qu'après la défection des autres provinces. Le second était Philippe Pot, seigneur de La Roche, d'une ancienne famille qui s'allia depuis aux Montmorency, génie ardent et aventureux, qui, dans sa jeunesse, était allé combattre à Constantinople contre les Turcs ; conseiller fidèle de la maison de Bourgogne jusqu'à sa chute, appelé par ses contemporains *bouche de Cicéron* à cause d'une éloquence abondante et chaleureuse où on sentait l'étude de l'antiquité romaine. Dans un discours que George Chastelain[1] lui fait adresser au sire de Croï pour le réconcilier avec Charles le Téméraire, alors comte de Charolais, ces qualités de son talent sont assez bien rendues ; mais aux états-généraux il a mûri, il est plus sobre et plus vigoureux : il a la fermeté, la gravité, en même temps que le mouvement rapide qui presse, qui interroge, et qui cherche à remuer la conscience du droit et le souvenir des ancêtres.

---

1 *Chronique des ducs de Bourgogne.*

C'est d'ailleurs une chose à remarquer ici que l'influence des études classiques qui se montre dans les discours prononcés aux états. Tandis que l'Italie pontificale et républicaine rentrait dans le génie antique par l'érudition, la philosophie et l'enthousiasme platonicien, il est singulier que, dans la France monarchique, on semblait y rentrer surtout par l'histoire et la politique. Cicéron, Salluste et Jules César sont continuellement cités par les orateurs et les écrivains de ce temps. Robert Gaguin affecte souvent la concision et les tours brusques de Tacite. On s'exerçait à calquer des discours sur ceux de Tite-Live et de Salluste ; il n'y a pas jusqu'à Jean d'Auton, le narrateur épique des guerres d'Italie, qui ne se soit livré à cet effort peu convenable à son esprit et à son sujet. En ouvrant la session, le chancelier lui-même crut devoir s'honorer de cette émulation universelle ; on sourit de le voir, dans un panégyrique de la France, amener de gré ou de force les noms de Scipion et de Pompée, de Pythagore et de Platon, mêlés à ceux de Clotaire et de saint Louis. Il ne faut pas croire qu'il n'y ait là qu'une pédanterie naïve ou un engouement littéraire : on y aperçoit un travail sensible de la pensée, qui veut s'assimiler l'esprit des anciens, et qui, s'affranchissant de l'éducation scolastique, aspire à une raison plus ample et plus appropriée à la vie et aux affaires. Chez le seigneur de La Roche, ce but est atteint ; sa forme est celle de Tite-Live ; il y a des réminiscences de Salluste et de Cicéron, mais rien de l'écolier ni du rhéteur. On voit bien qu'il s'est formé à cette gymnastique intellectuelle ; mais à travers le latin peu correct dont Masselin l'a revêtue, on trouve toujours la pensée libre, tout entière à l'affaire qu'il traite : il n'oublie ni son auditoire, ni ses adversaires, ni les ménagements commandés par les circonstances, et il se hâte vers sa conclusion. Il faut analyser avec quelque soin son discours sur le droit des états, mal traduit et décoloré dans les *Documents inédits* ; on pourra juger, par cet échantillon, de ce que pouvait être, et pour les idées et pour le talent, l'éloquence parlementaire française trois cents ans avant Mirabeau.

Comme dans les autres assemblées d'états-généraux au moyen âge, la préoccupation des choses morales s'était aussi, dans celle-ci, montrée la première, et c'est sur ce terrain que la première lutte avait éclaté. Pourvoir au progrès des écoles, des lettres et de la religion, rétablir la pragmatique gallicane, considérée comme le meilleur

Louis Binaut

moyen d'encourager la science dans le clergé, telle fut la matière qui enflamma d'abord les esprits. Les opinions furent excessives de part et d'autre, et peu s'en fallut, dit Masselin, que les ultra-montains ne se retirassent ou ne fussent chassés de l'assemblée.

La réforme de la justice, la révocation des confiscations arbitraires, le remplacement de l'impôt du sel par une contribution équivalente et moins oppressive, occupèrent ensuite quelques jours ; mais la question politique était urgente, et après quelques manœuvres de tactique préparatoire, elle se présenta enfin et se posa.

Quand le roi est mineur ou incapable, et que le pouvoir suprême est ainsi en quelque sorte vacant, à qui appartient-il de constituer le gouvernement ? En d'autres termes, qui est le souverain primitif, perpétuel, de qui dérivent tous les pouvoirs ? Les membres les plus distingués de l'assemblée prétendirent que c'était la nation, et la division éclata là-dessus entre deux partis également ardents. Les uns soutenaient que la royauté était une propriété comme une autre, que le droit héréditaire de la famille royale était supérieur au droit des états, que par conséquent les princes du sang, comme tuteurs légitimes selon le droit civil, comme successeurs présomptifs, devaient dans tous les cas gouverner à défaut du roi, — qu'enfin les états n'avaient aucun pouvoir législatif, et n'étaient appelés que pour voter l'impôt. Les autres affirmaient non moins résolument que lorsque le roi est incapable, le pouvoir remonte à sa source, qui est la nation. Dans le cas présent, disaient-ils, toute l'autorité du royaume (*regni summam*) était dévolue à l'assemblée ; son devoir était, non pas de supplier, si ce n'est pour la forme et comme signe de respect pour les princes, mais de décréter et de commander (*decreto potius et imperio*), jusqu'à ce qu'un conseil suprême institué par elle eût reçu d'elle le pouvoir souverain. Ils ajoutaient que, si les princes s'étaient cru le droit de gouverner sans l'exprès consentement de la nation, ils ne l'auraient pas convoquée, car ce n'était pas pour voter l'impôt seulement qu'elle s'était réunie. Ils proposaient d'ailleurs une combinaison qui, en ménageant l'orgueil et l'intérêt des princes, assurait aux élus des états la prépondérance dans un conseil de gouvernement. Malgré ces propositions conciliantes, les questions absolues avaient ouvert des perspectives nouvelles et redoutables, et un grand trouble saisissait les volontés chancelantes.

Section IV

C'est alors que le seigneur de La Roche se leva au milieu de l'assemblée, et avec une sévérité tempérée par la modestie et la confiance il s'adressa d'abord aux craintes et aux hésitations qui commençaient à naître. Avant d'arriver aux principes, il s'arrêta d'abord un moment à combattre les expédients qui en prennent la place, et à réfuter ceux qui allèguent des lois fondamentales dont personne n'a connaissance. Ceux qui prétendent que toute l'autorité est dévolue de droit aux princes du sang leur confieront-ils le roi en même temps que le royaume ? Le roi mineur doit-il, selon eux, avoir pour gardien son héritier présomptif ? Non, certes, disent-ils ; il y aurait danger pour le pupille, exposé aux trahisons et aux complots de celui qui aurait intérêt à sa mort. L'exercice de l'autorité se partagera donc : le plus proche parent aura le gouvernement, le suivant aura la tutelle et la garde. Mais ce partage est arbitraire : où est, dit l'orateur, la loi qui établit cet ordre ? Qui l'a promulguée ? Nulle part on ne la trouve écrite ; personne ne la connaît : ce que nous voyons sous nos yeux le prouve. Le duc d'Orléans a-t-il pris l'administration ? Le duc d'Angoulême a-t-il pris la tutelle ? S'ils avaient connu une telle loi, l'auraient-ils laissé enfreindre ? Le duc d'Orléans est-il homme à laisser envahir son droit sans mot dire ? Vainement alléguerait-on l'exemple de Charles V, qui prit la régence en l'absence de son père. Il ne la prit pas aussitôt, ni de plein droit, mais près de deux ans plus tard, et par la volonté et sur une décision formelle des états-généraux. Cette loi n'existe donc pas, jamais personne n'a lu ni entendu rien de semblable dans le royaume.

D'autres, plus absolus dans le principe héréditaire, ou craignant de se prononcer sur les personnes, attribuaient à tous les princes du sang royal un droit égal au gouvernement. Le seigneur de La Roche leur démontre que c'est l'anarchie même. Si tous ces princes paraissent vivre aujourd'hui en bon accord, on le doit à la bonté de leur caractère, et peut-être aussi au souvenir récent d'évènements terribles ; mais qui peut garantir la durée de cette harmonie ? « Il ne faut pas, dit-il, que tout flotte dans cette incertitude, il ne faut pas que la sécurité publique repose sur la seule volonté et sur les libres dispositions de quelques-uns. Et comme les princes ne seront peut-être pas toujours justes et bons, il est utile, il est indispensable que la situation soit éclaircie et les pouvoirs circonscrits selon le

Louis Binaut

droit le plus sacré et d'après des règles précises. C'est de là que nous viendront la paix et l'ordre ; c'est là ce qui épure et apaise les âmes humaines ; c'est là ce qui met le frein aux mortels avides de puissance et de gloire. Hors de là, il n'y a plus que les armes et le chaos, car ces plaideurs-là sont d'avis que leurs procès se tranchent par le fer, non par les arguments ; ils s'appuient sur l'épée, non sur la parole ; leur but est si grand que la plus faible apparence de droit leur paraît un droit sacré, et c'est une maxime parmi eux, que si jamais on peut violer sa foi, c'est lorsqu'il s'agit de conquérir le pouvoir… D'ailleurs, ajoute-t-il, la royauté est une fonction, et non un héritage ; elle n'est donc nullement, comme l'administration des héritages, dévolue de droit aux tuteurs naturels, selon la proximité du sang. Mais, dira-t-on, l'état restera donc sans chef, exposé à tous les coups ? Non, certes ; nous proposons que le gouvernement en soit remis à l'assemblée de la nation, non pour qu'elle s'en charge elle-même, mais pour qu'elle le confie à ceux qu'elle en jugera les plus dignes. »

Jusqu'ici donc, l'orateur avait enfermé ses adversaires entre l'arbitraire, puisque aucune loi connue n'autorisait leurs expédients, et l'anarchie. Déjà même il avait défini la royauté une fonction, non une propriété : tout était dans ces deux mots. Il revient alors à ce principe ; il ne craint pas de l'approfondir. « Et pour répandre plus de lumière sur cette question, continue-t-il, nous savons par l'histoire, et mes pères m'ont enseigné qu'à l'origine, les rois furent créés par le suffrage du peuple souverain,[1] et que ceux-là furent préférés qui surpassaient les autres en courage et en capacité. C'était pour son propre avantage que chaque peuple se choisissait des chefs. Assurément, si les princes sont à notre tête, ce n'est pas pour qu'ils en fassent leur profit particulier et s'enrichissent aux dépens du public, mais pour que, négligeant leurs propres aises, ils enrichissent l'état et le fassent marcher vers le mieux. » Puis, comme il sent que ces théories et ces exemples l'entraînent bien au-delà de son but, il se retient ; il ne veut pas, dit-il, discuter la question du pouvoir dans un prince qui, à l'âge requis, gouvernerait légitimement. Il se renferme au cas présent de la minorité. Il faut un gouvernement ; ce gouvernement ne revient de droit, il l'a fait voir, ni à l'un des princes, ni à plusieurs, ni à tous ; il revient donc au peuple, qui

---

1 *Domini rerum populi suffragio reges fuisse creatos.*

Section IV

l'avait donné et qui le reprend comme son bien, parce qu'après tout c'est lui qui souffre, et lui seul, des calamités qu'une vacance du trône ou une mauvaise régence peut amener. Il ne conteste donc pas les droits de la royauté, mais l'exercice de ces droits pendant que le roi est incapable. Il définit en outre le mot peuple, dont il s'est tant servi, et par lequel il entend la nation constituée, et non point seulement les classes inférieures, ou quelque autre classe prise à part : le peuple, c'est tout le monde, y compris les princes ; les états-généraux sont la représentation de tout le monde. « Vous donc, ajoute-t-il alors, hommes instruits, députés et chargés de pouvoirs de tous les états du royaume, qui avez en vos mains la volonté de tous, pourquoi craindriez-vous de décider que vous êtes appelés à prendre la direction du gouvernement ? Les lettres patentes qui vous ont convoqués le disent elles-mêmes ; le chancelier, dans son discours d'ouverture, autorisé par la présence du roi et des princes, l'a déclaré clairement : c'en est assez pour détruire la prétention de ceux qui n'accordent à l'assemblée d'autre attribution, d'autre but que le vote de l'impôt…Tout ce qui a été fait jusqu'à la réunion des états était provisoire. Rendons grâce à ceux dont l'activité et le courage ont bien conduit les affaires publiques jusqu'à cette réunion ; mais maintenant qu'elle est accomplie, il reste à valider ce qui est fait, à prévoir ce qui est à faire. La souveraineté, je le dis hardiment, vous appartient désormais. »

À cet argument il ajoute des exemples, et il démontre que la coutume nationale est, en ce qui concerne la souveraineté, conforme au droit rationnel qu'il a précédemment établi. Ensuite il adjure l'assemblée, par les considérations les plus pressantes, de trancher, sous l'inspiration de Dieu et de la conscience, cette question qui arrête tout, et sans laquelle tout le reste ne vaut pas la peine qu'on s'y fatigue. Il ne s'agit que d'une déclaration de principes ; il n'est donc point nécessaire de repousser personne, il n'y a pas lieu à exciter des haines. Il existe un projet conciliant, approuvé par la nation de Bourgogne, et dont on va bientôt donner lecture. « Pourquoi donc hésiter ? dit-il en finissant ; pourquoi baisser la tête ? Le conseil même déclare qu'il n'a été institué qu'en attendant la réunion des états. Et maintenant que vous voilà réunis, vous tergiversez, vous semblez regarder avec effroi, comme supérieure à vos forces, une prérogative que vos pères n'ont pas jugée plus haute qu'eux-

Louis Binaut

mêmes, et que leur fermeté vous a transmise intacte ? Peut-être les princes s'y opposent-ils ? Au contraire : non-seulement ils vous le permettent, mais ils vous y aident, ils vous y poussent. Qu'est-ce donc qui pourrait vous arrêter devant une œuvre si utile et si honorable ? Je n'y pourrais voir qu'une faiblesse, une pusillanimité qui abattrait vos âmes, et qui seule vous rendrait indignes d'une si haute entreprise. Soyez donc, messieurs, pleins de foi en vous-mêmes, d'espérance et de vertu ; ne souffrez pas que cette liberté des états, si bien défendue par vos pères, soit énervée par votre mollesse, de peur qu'on ne vous mette au-dessous de vos ancêtres, que la postérité ne vous condamne pour avoir mal usé de votre pouvoir au détriment du pays, et qu'au lieu de la gloire qui attend vos travaux, vous ne remportiez d'ici qu'un éternel déshonneur. »

Ce discours nous semble merveilleusement propre à caractériser et l'orateur, et l'auditoire qui savait l'applaudir. C'est, comme nous disions plus haut, l'esprit du moyen âge qui commence à s'assimiler le génie de l'antiquité, c'est la tradition nationale qui s'appuie et s'épure à la raison philosophique. Il n'est pas indifférent non plus d'y observer l'art singulier qui a mis l'ordre dans l'argumentation, qui fait parler tour à tour la passion et le raisonnement, qui encourage en même temps qu'il éclaire, et qui semble pénétré de tous les préceptes des anciens maîtres. Combien il est regrettable que Masselin n'ait point conservé le texte français ! Nous y aurions trouvé sans doute une originalité de langage et une richesse d'expression proportionnées à la force de la pensée dans un homme aussi exercé à la parole que le seigneur de La Roche. Quelle fierté dans ce rappel à la prérogative des ancêtres, qui savaient maintenir leur liberté, parce qu'ils *ne la jugeaient pas plus haute qu'eux-mêmes* ! On a prétendu que ce discours ne tendait qu'à la liberté purement aristocratique, et qu'il était plus féodal que libéral. Sans doute, si la nation avait pu dès-lors se faire sa propre législation, la noblesse y aurait pris la part que l'état même de la société lui assignait : c'était justice et nécessité ; mais rien dans ce qu'on vient de lire n'annonce l'orgueil de caste : c'est à la nation entière que la souveraineté est attribuée, et, bien loin d'écarter ou de subordonner le tiers-état, l'orateur se croit au contraire obligé d'avertir qu'il n'en exclut pas les grands. À cette époque, l'esprit exclusif n'avait point encore dans la noblesse cette âpreté qui la conduisit à sa perte. Ce malheur ne lui vint que quand de vains et injurieux privilèges lui tinrent lieu de droits politiques. Que serait donc devenue la noblesse française, si à ce moment critique de la fin du moyen âge, où semblait s'ouvrir une bifurcation de deux chemins courant l'un vers la liberté, l'autre vers la monarchie absolue, il eût été possible qu'elle entrât dans le premier, suivie et entourée de toute la nation ? Qu'on se représente une aristocratie délibérante dans laquelle auraient brillé tour à tour, comme orateurs ou ministres, tous ces hommes qui, pendant les trois siècles suivants, se sont illustrés dans la guerre, dans les lettres, dans la diplomatie, ou ont consumé misérablement de grandes facultés dans les factions et les intrigues ! Descendus par la fidélité à la servitude, humiliés dans la domesticité de Versailles, ils éclipsaient encore toutes les aristocraties de l'Europe. Réunis dans un sénat et organes d'un pays libre, ils auraient continué sous de meilleures formes leurs fières traditions, et le peuple, au lieu de les détruire, les eût écoutés avec orgueil.

Maintenant, pour conclure, nous n'avons qu'à rappeler notre point de départ. Il y a dans notre histoire tout un côté qu'oublie la préoccupation de querelles éteintes, ou que la partialité dissimule, et c'est celui qu'il importe aujourd'hui de mettre dans le plus haut relief. Quelle que soit la forme que doive affecter un jour chez nous la liberté publique, à laquelle il faut toujours croire d'une foi inébranlable, elle ne s'affermira que par le concours de tous et par l'union de tous les souvenirs. Cette union est possible, car la liberté est en France un souvenir commun à tous, qui a pu s'obscurcir, mais qui n'a cessé de palpiter sous les malheurs publics, et que les erreurs et les malentendus des derniers siècles ne doivent point étouffer. Il est nécessaire qu'une nation se croie solidaire d'elle-même, et dans ses défaillances c'est le sentiment seul de sa durée et de son identité qui peut lui rendre la force morale. Si les Anglais ont sur nous un avantage, c'est celui-là : ils n'ont jamais renié ni calomnié leurs ancêtres ; ils ne cherchent point dans leur passé, avec une érudition hostile, ce qui divise et ce qui humilie. Au contraire, fiers d'une tradition moins riche que la nôtre, ils la font sans cesse retentir avec orgueil ; ils n'ont point la ridicule vanité de n'être quelque chose que d'hier ; ils portent leur passé tout entier, laissant tomber ce que le temps consume, mais conservant avec un soin filial ce qui est commun à leurs âges successifs et ce qui fait le

Louis Binaut

fond et la permanence de leur existence nationale. C'est le secret de leur puissance, et c'est le défaut contraire qui nous fait heurter sans cesse contre des écueils. L'histoire doit toute la vérité sans doute ; mais par là même elle doit relever le bien avec autant d'amour au moins que le mal. Pourquoi cette prédilection pour les tableaux sombres et ces récriminations amères contre les morts ? Si nous avions vécu dans ces temps difficiles, aurions-nous mieux fait que les autres ? Aurions-nous d'un mot fait jaillir la lumière, créé en un jour l'administration, la police, les chemins, le commerce, et tous ces perfectionnements arrachés à la rigueur des circonstances par plusieurs générations d'hommes grands et laborieux qui ont défriché péniblement ce que nous cultivons à notre aise ? Puis, à tout prendre, sommes-nous plus progressifs qu'eux ? Ajoutons-nous à l'héritage qu'ils nous ont laissé plus qu'ils n'ont ajouté à celui qu'ils recevaient ? Un jour peut-être, il viendra d'autres critiques qui fouilleront aussi dans nos tombes avec inimitié ; seront-ils embarrassés pour y trouver l'effrayant résidu des vices, des misères et des lâchetés de notre temps ? Et pour nous arrêter à l'objet particulier de ce travail, avons-nous le droit d'être si sévères sur le fait de la liberté, et de reprocher à nos pères de n'avoir point su fonder des institutions libres, nous qui, les tenant dans la main, les avons laissé glisser misérablement, sans doute parce que, dirait le seigneur de La Roche, « nous les jugions plus hautes que nous-mêmes ? »

Section IV

ISBN : 978-1542646864

www.ingramcontent.com/pod-product-compliance
Lightning Source LLC
Chambersburg PA
CBHW072121280526
45788CB00006B/2584